Rose Price
Eine Rose aus der Asche
Die Geschichte einer Jüdin

Rose Price

Eine Rose
aus der Asche

Die Geschichte einer Jüdin

SCM Hänssler

SCM

Stiftung Christliche Medien

© der deutschen Ausgabe 2011 SCM Hänssler im SCM-Verlag GmbH & Co. KG · 71088 Holzgerlingen
Internet: www.scm-haenssler.de; E-Mail: info@scm-haenssler.de

Originally published in English under the title: A Rose from the Ashes. The Rose Price Story as told to Naomi Rothstein
© der Originalausgabe 2006 Purple Pomegranate Productions a division of Jews for Jesus®
All Rights Reserved. This Licensed Work published under license.

Die Bibelverse sind, wenn nicht anders angegeben, folgender Ausgabe entnommen: Elberfelder Bibel 2006, © 2006 by SCM R.Brockhaus im SCM-Verlag GmbH & Co. KG · Witten.

Übersetzung: Tina Pompe
Umschlaggestaltung: Jens Vogelsang, Aachen
Titelbild: fotolia.com
Bilder im Innenteil: © Rose Price; Bild S. 146 (in Berlin):
Mit freundlicher Genehmigung von Max Jacoby
Satz: typoscript GmbH, Walddorfhäslach
Druck und Bindung: CPI – Ebner & Spiegel, Ulm
Printed in Germany
ISBN 978-3-7751-5287-7
Bestell-Nr. 395.287

Inhalt

Danksagung

Mein herzlicher Dank gilt Naomi Rothstein, Stan Weinberg, Talbot Spivak und allen anderen, die bei der Entstehung dieses Buches mitgeholfen haben.

Dieses Buch ist dem Andenken an Mama, Papa, meine kleine Schwester, meinen Bruder, Bubbe und Zayde, meiner ganzen Familie, Tanten und Onkel, Cousins und Cousinen und den sechs Millionen gewidmet, die einzig und allein deswegen ermordet wurden, weil sie Juden waren.

Besondere Anerkennung gilt dem Andenken an Rachmiel Fryland und Richard & Sabine Wurmbrandt und Talbot Spivak, der nach Veröffentlichung der amerikanischen Originalausgabe verstarb.

Auftakt

Es war eisig kalt. Der Wind heulte um die Baracken. Meine Schwester Sarah und ich drängten uns eng aneinander, um uns zu wärmen, während wir gleichzeitig versuchten einzuschlafen. Die Baracke war erfüllt von den Geräuschen der anderen Frauen, die schnarchten, weinten oder bisweilen auch stritten. Ich konnte gerade spüren, wie der Schlaf mich endlich übermannte, als mit einem Mal die Türen der Baracke gewaltsam aufgestoßen wurden und vier Nazischergen hereinstürmten. Sie riefen: »Rose! Rose Luba!« Ich erstarrte vor Angst. »Warum suchen sie nach mir?«, flüsterte ich meiner Schwester Sarah zu. Sie antwortete nicht. Ich vermutete, dass sie schlief. Dabei fragte ich mich, wie es ihr wohl gelang, bei all dem Krach weiterzuschlafen. Ich konnte die dröhnenden Schritte der Soldaten hören, als sie sich polternd meiner Pritsche näherten. Mit einem Mal hielten die Schritte an. Ich lag auf der Pritsche, versuchte zu atmen und hoffte, sie würden weitergehen. »Rose!«, brüllte der Soldat. Erschrocken atmete ich schnell und laut aus. Eine Hand packte meinen Arm und zerrte mich von der Pritsche auf den Boden. »Ich habe sie gefunden!«, rief der Wächter den anderen zu und schob mich von der Pritsche in Richtung Tür. »Nein!«, schrie ich. »Bitte, nein! Nein!«

Eine Hand rüttelte mich. »Rose! Rose, wach auf!« Als der ganze Lärm der Baracke und der Wachen in meinen Gedanken verblasste, erkannte ich die Stimme meines Mannes. »Rose, pssst«, sagte er sanft. »Es war nur ein Albtraum. Du bist in Sicherheit. Ganz ruhig. Du bist in Sicherheit.«

Ich schlug die Augen auf und sah ihn an. Dabei saß mir der Schrecken aus meinem Traum noch tief in den Gliedern und ließ mein Herz rasen. »Nimm mich einfach in die Arme«, bat ich ihn. »Bitte, halt mich einfach fest.«

Prolog
Mein Papa

Meine Gedanken wanderten zu einer längst vergangenen Zeit zurück. Ich war drei Jahre alt. Frustriert und verwirrt saß ich auf dem harten Fußboden unseres Hauses und versuchte, ganz allein meine dicken Wollsocken und Schuhe anzuziehen. Ich hatte es endlich geschafft, die Socken anzuziehen, aber sie waren völlig verdreht, und es gelang mir einfach nicht herauszufinden, welcher Schuh an welchen Fuß gehörte.

Papa saß auf einem Stuhl vor mir und blickte auf seine aufgelöste kleine Tochter herunter. Ohne ein Wort glitt er auf den Boden zu mir herab. Er zog mich auf seinen Schoß und strich die Socken glatt, wobei er dafür sorgte, dass alle Zehen waren, wo sie hingehörten. Dann zog er mir die kleinen Lederschuhe an. Als er sich nach vorne beugte, um sie zu schnüren, lehnte ich mich an seine Brust. Ich kann immer noch seinen Bart in meinem Nacken und meine winzigen Füße in seinen großen Händen spüren. Es ist eine Erinnerung der reinen Liebe.

Für mich stand mein Papa immer für Trost. Eine weitere meiner frühesten Erinnerungen führt mich zu einem Augenblick zurück, als ich einmal allein in der Küche war. Ich war zu dem Zeitpunkt vielleicht vier Jahre alt. Bubbe hatte einen großen Topf auf dem Herd stehen lassen und meine Nase hatte sofort den verführerischen, süßen Duft von Marmelade ausgemacht. Unser Herd war fast doppelt so hoch wie ich und wurde noch mit Holz befeuert. Von meinem Standpunkt aus konnte ich kaum den Griff des Holzlöffels erkennen, der im Topf steckte. »Ich wette, ich komm noch dran«, überlegte ich. »Das merkt niemand, wenn ich nur ein ganz kleines bisschen probiere.« Ich streckte mich auf Zehenspitzen, um noch etwas höher zu kommen. Aber als ich nach dem Löffel griff, verlor ich das Gleichgewicht und stolperte. Dabei stieß ich den ganzen Topf mitsamt dem kochenden, klebrigen Inhalt um. Er lief über meine beiden Hände. Au, wie das wehtat! Noch heute habe ich die Narben davon. Ich schrie vor Schmerz, bis Papa auftauchte, der kaltes Wasser über meine verbrühten Finger laufen ließ und mich in den Armen hielt, bis ich aufhörte zu weinen.

Papa war ein ruhiger Mann mit einer leisen Stimme. Er arbeitete hart und war als Anstreicher oft von morgens bis abends außer Haus. Wenn er nicht gerade arbeitete oder erschöpft war, las er die meiste Zeit in der Thora. Er sagte uns Kindern immer wieder: »Seid stolz, denn ihr seid die Erwählten Gottes.« Wenn der Freitagabend kam und der Sabbat begann, verwandelte Papa sich in den liebevollsten und freudestrahlendsten Mann der Welt. Ich zögerte nie auch nur einen Moment, auf seinen Schoß zu springen und ihn mit Küssen zu erdrücken. Er tat dabei immer so, als wäre er ungehalten, wenn ich seinen langen Bart zerzauste; aber an dem Zwinkern in seinen Augen konnte ich erkennen, dass er es in Wahrheit liebte.

Die erschütterndste Erinnerung, die ich an meinen Vater habe, ist das erste Mal, als ich seine Füße sah.

Ich war neun Jahre alt. Als meine Schwester Sarah und ich aus der Schule kamen, entdeckten wir eine große Menschenansammlung bei uns zu Hause, aber alles war merkwürdig still. Da ich immer schon neugierig war, schob ich mich durch das Labyrinth von Angehörigen und Freunden bis in die Mitte des Zimmers.

Dort sah ich einen Körper, der mit einem Leinentuch bedeckt war. Die Füße ragten über das Ende des Bettes hinaus. Sie waren ohne Schuhe. Obwohl ich die Füße meines Vaters noch nie zuvor gesehen hatte, wusste ich sofort, dass es die Zehen meines Vaters waren.

Voller Panik blickte ich suchend um mich, um herauszufinden, was hier eigentlich vor sich ging, aber niemand nahm von mir Notiz. Ich fühlte mich bedrängt von all den Menschen, die sich langsam durch unser Haus bewegten. Ich suchte nach Mama und Bubbe, konnte sie aber nirgends finden.

Als ich schließlich anfing zu weinen, brachte jemand mich nach draußen. Niemand erwähnte das Wort »Tod«. Niemand sagte: »Dein Papa ist tot. Er ist fort für immer.« Vielleicht dachten alle, ich sei zu jung, um das verstehen zu können. Sarah wusste es, aber aus irgendeinem Grund erklärte sie es mir nicht. Sie wusste, dass eine alte jüdische Tradition verlangt, dass beim Tod eines Menschen sein Leichnam aus dem Raum weisen muss, die Füße voran, als würde er das Haus barfüßig und ohne Schuhe verlassen, um rein in den Himmel zu gelangen. Aber ich war völlig hilflos.

Später fand ich heraus, dass Papa einen Herzinfarkt erlitten hatte, als er vor einigen polnischen Jugendlichen floh, die ihn durch die Straßen gehetzt und gedroht hatten, ihn zu verprügeln. Es war nichts Ungewöhnliches, dass Juden auf diese Weise von polnischen Jungen gequält wurden. Papa war so schnell gerannt, dass er danach zusammengebrochen war.

In unserer Stadt, wie in allen anderen jüdischen Städten auch, gab es eine Gruppe, die *Chewra Kadischa*, deren Aufgabe es war, sich um die Toten zu kümmern. Sie kleideten den Leichnam an und brachten meinen Vater an den Ort, an dem er begraben werden würde.

Ich verstand nicht, dass es für mich nun an der Zeit war, mich von Papa zu verabschieden, obwohl mich die Leute am Grab zwangen, in das Grab hineinzusehen. Niemand erklärte mir, was Papa dort machte. Ich bin mir sogar ziemlich sicher, dass einige wohlmeinende Leute andeuteten, dass er bald zurückkommen würde.

Und so saß ich noch monatelang jeden Tag an unserer Straßenecke und wartete auf meinen Papa. Ich dachte: »Vielleicht bestraft Gott mich ja, weil ich nicht brav war. Wenn ich ein gutes Mädchen bin, wird Papa zurückkommen.«

Natürlich kam Papa nie zurück.

Vielleicht war ich zu jung, um auf diese Weise Bekanntschaft mit dem Tod zu machen. Allerdings hatte ich noch keine Ahnung, dass dies erst der Anfang meines Kummers war – der Anfang von Dingen, die kein Kind ertragen sollte.

Papa starb nur wenige Jahre, ehe die Deutschen in Polen einfielen. Ich habe mir oft gedacht, dass Gott vielleicht besonders freundlich zu ihm war. So musste er nicht die Zerstörung seiner Familie mit ansehen.

Es gibt immer noch Tage, an denen ich Papa vermisse. Selbst wenn die Ereignisse in meinem Leben mich oft in Zweifel gestürzt haben, habe ich doch niemals seine Worte vergessen: »Seid stolz, denn ihr seid die Erwählten Gottes.«

Teil 1

Vor dem Albtraum

Die Familie vor dem Krieg: Tante Rose, Onkel Meyer, Tante Helen,
Onkel Herschel, Tante Dora, Tante Doras Mann, Tante Sarah,
Tante Sarahs Mann (hinten, v.li.). Großtante (Name unbekannt),
Zayde, Bubbe, Avram, der Sohn von Tante Helen,
Cousine Rachel und zwei weitere Großtanten (vorne)

Sabbat

Baruch ata Adonai Elohenu melech ha'olam,
ascher kid'schanu b'mitzvotav v'tzivanu,
l'hadlik ner schel Sabbat.

Gesegnet seist Du, Herr, unser Gott,
König des Universums,
der uns durch seine Gebote geheiligt hat,
und uns befohlen hat, das Sabbatlicht zu entzünden.

Wenn ich die Augen schließe, kann ich immer noch Mamas Gesicht und Augen im Licht der Sabbatkerzen leuchten sehen. Auf der ganzen Welt beginnen jüdische Frauen den Sabbat auf diese Weise. Als ich ein Kind war, bestand meine Welt aus der Meyerstraße und der »Dritten Straße« in Skarzysko, Polen. Wenn ich freitagabends aus dem Fenster blickte, konnte ich sehen, wie überall in den jüdischen Häusern der Nachbarschaft die Kerzen angezündet wurden. Nach dem Tod meines Vaters zogen Mama, meine Schwestern Sarah und Esther, mein Bruder Nachum und ich alle in ein Zimmer im Haus meiner Großeltern. Es war zwar eng, aber es war gut, zusammen zu sein. Selbstverständlich gab es damals keine Sozial- oder Krankenversicherung. Man kümmerte sich innerhalb des Familienverbandes umeinander. Jetzt war es die Aufgabe von Mama, uns großzuziehen.

Meine Mama –
Miriam Ronchka Feldman

Bis zu diesem Zeitpunkt hatten wir eine relativ sorglose Kindheit verlebt, aber das änderte sich nun sehr bald. »Ihr müsst ab jetzt noch braver sein«, eröffnete uns unsere Mutter. »Bubbe und Zayde gehören zwar zu unserer Familie, aber wir leben jetzt nicht mehr bei uns zu Hause.«

»Feiern wir dann trotzdem noch Sabbat?«, fragte ich besorgt.

»Natürlich«, entgegnete Mama. »Es wird nur anders sein, das ist alles.«

Ich seufzte erleichtert auf. Für uns als orthodoxe Juden war der Sabbat der Höhepunkt jeder Woche. Die langen Arbeits- und Schultage endeten jeden Freitagabend in einer fröhlichen Feier. Schließlich war der Sabbat heilig; deshalb begannen die Vorbereitungen bereits wesentlich früher unter der Woche.

Mittwochs schickte Mama mich immer zum Metzger, um ein rituell geschlachtetes Huhn zu holen. Rituell geschlachtet bedeutete: geschächtet, also dass das Tier ausgeblutet wurde und dabei Gebete gesprochen wurden. Donnerstags backte Mama den Kuchen und das *Challa*-Brot (typisches Sabbatbrot in Zopfform). Freitags putzten wir Kinder das ganze Haus.

Bisweilen aßen wir das Sabbatessen am Freitagabend in unserem Zimmer im hinteren Teil von Zaydes Haus. Zum Teil lag es daran, dass Mama meinte, wir Kinder wären zu laut für ein Sabbatessen in Bubbes schönem Esszimmer. Aber trotz ihrer Bedenken feierten wir den Sabbat oft auch dort. Zaydes Haus diente uns und unseren Freunden als Synagoge. Zayde verdiente seinen Lebensunterhalt damit, das Obermaterial von Lederschuhen zu entwerfen und herzustellen. Er hatte seine Werkstatt direkt im Haus. Aber jeden Freitagnachmittag schloss Zayde seinen Laden, damit der große Raum, der den Mittelpunkt des Hauses bildete, für den Gottesdienst vorbereitet werden konnte. Die großen Nähmaschinen wurden hinausgetragen und stattdessen wurde der Schrein hereingerollt, in dem die heiligen Thorarollen aufbewahrt wurden. Unter der Woche war es eigentlich eine Holzkommode, die in einer Ecke stand, aber am Sabbat war es für uns der Thoraschrein. Danach, sobald Zayde sich umgezogen und die Hände gewaschen hatte, ging er in dem Raum auf und ab, klatschte und sang mit seiner tiefen, weichen Stimme Lieder für Gott, den Herrn.

In der Zwischenzeit waren die Frauen, also Bubbe und Mama und vielleicht noch eine Tante, in der Küche mit den letzten Vorbereitungen für das Sabbatessen beschäftigt, das vor Sonnenuntergang fertig sein musste, da danach keine Arbeit mehr getan werden durfte. Der Dampf aus den großen Eisentöpfen war wie eine leckere Einladung zu einem besonderen Abend.

Die Gerichte waren nicht besonders ausgefeilt, aber es gab immer frisches Challa-Brot dazu, etwas Fisch, Hühnersuppe mit Nudeln und meistens Hühnerfleisch. Oft wurde zum Essen noch *Gefilte Fisch* (kalter, gehackter Weißfisch oder Barsch, vermischt mit Brot oder Matzen, der zu ovalen Klößen geformt wurde) mit Meerrettich gereicht. Zum Nachtisch gab es dann noch Apfel- oder Rührkuchen.

Der Tisch war aus unbehandeltem Hartholz; er war weder poliert noch lasiert. Wir schrubbten ihn immer mit Wurzelbürste und Seife. Sobald er getrocknet war, breiteten wir ein einfaches, gehäkeltes Tischtuch aus Baumwolle darüber. Unsere Kerzenständer waren aus Messing und Silber und hatten ein einfaches, geometrisches Blumenmuster eingraviert. Sie wurden jede Woche poliert und wenn wir sie dann zusammen mit unseren Tellern und Servietten auf den Tisch stellten, erstrahlte der ganze Raum in einer Schönheit, die nur diesem einen Tag in der Woche vorbehalten zu sein schien.

Natürlich waren die Teller sehr wichtig. In unserem Haushalt gab es vier unterschiedliche Arten von Gedecken. Jeder hatte seinen eigenen Teller, Becher und sein Besteck. Zwei der

Gedecke waren ausschließlich für Passah und das dritte war für den Sabbat. Unser Alltagsgeschirr wurde in einem anderen Schrank aufbewahrt und wenn wir aßen, holten wir dort, was immer benötigt wurde. Wir hatten zusätzliche Gedecke für Gäste.

Oft kamen zwölf bis fünfzehn Leute zum Sabbatessen und es waren nicht immer die gleichen. Da waren Bubbe, Zayde, Mama, wir vier Kinder und Rose, die jüngere Schwester meiner Mutter, die nicht verheiratet war. Tante Rose war Bibliothekarin und trug stets ein Buch mit sich herum. Ihre Bücher und ihr Beruf flößten uns Ehrfurcht ein. Wir benahmen uns also dementsprechend, vor allem, wenn Tante Rose sich allein in eine Ecke zurückzog, um zu lesen. Oft war auch noch jemand aus der Synagoge oder ein Fremder, der in der Stadt zu Besuch war, zum Sabbatessen mit eingeladen.

Alle begrüßten sich voller Wärme und Begeisterung, aber die Gespräche verstummten, sobald die letzten Sonnenstrahlen verloschen und das Essen begann. Nachdem sie den Kopf mit einem Tuch oder Schal bedeckt hatten, zündeten Mama oder Bubbe zwei Kerzen an und sprachen das Gebet zur Begrüßung des Sabbat. Zayde segnete den Wein und das Brot. Alle diese Gebete gaben Gott die Ehre. Sie begannen alle mit den Worten: »Gesegnet seiest du, Herr, unser Gott, Herrscher des Universums…«

Die Stimmung beim Essen war festlich. Alle Sorgen der vergangenen Woche schienen vor der Herrlichkeit des Sabbats zu verblassen. Oft machte sich Gelächter am ganzen Tisch breit. Aus dem Mund der Ältesten schien Weisheit zu strömen. Die Stimmen der Kinder waren zwar nicht ganz verstummt, aber sie beherrschten nicht das Geschehen.

Nach dem Essen räumten wir das Geschirr ab und bereiteten uns zum Gebet vor. Die Männer im Raum trugen alle *Kippot* (traditionelle jüdische Kopfbedeckung). Wie es im orthodoxen

Judentum vorgeschrieben ist, versammelten sich die Frauen getrennt von den Männern. Wir kamen in der Küche hinter vorgezogenen Vorhängen zusammen. Ich frage mich bis auf den heutigen Tag, was die Männer wohl besprochen haben mögen, wenn sie nicht beteten. Aber selbst mein Cousin Abraham war nicht bereit, es mir zu verraten, obwohl ich ihm Prügel androhte.

Während die Männer im Wohnzimmer beteten, versammelte Bubbe die Kinder in der Küche und erzählte

Bubbe und Zayde – Riva und Israel Ronchka

uns von den wunderbaren Helden aus dem *Tanach*. Jeden Freitagabend, wenn ich ins Bett schlüpfte, waren meine Gedanken erfüllt mit Geschichten von Heldenmut, Tugend und Glaube. Jedes Mal, wenn die Sabbatgebete und die Flammen der Sabbatkerzen zu Gott aufstiegen, wurde mir ganz warm ums Herz in dem Wissen, dass auch der folgende Tag von Freude und Lobpreis im Kreis meiner Familie erfüllt sein würde.

Samstags zogen wir Mädchen immer unsere schönsten Kleider an. Im Sommer waren unsere Kleider aus Baumwolle, im Winter aus Wolle. In manchen Jahren hatten die Kleider ein Blumenmuster, in anderen Jahren waren sie einfarbig. Aber Sommer wie Winter reichten die Kleider bis zu unseren Knien und hatten lange Ärmel. Darunter trugen wir einteilige Unterwäsche – wir nannten sie *Gatkes* – die man hinten zuknöpfte. Schicklichkeit war von höchster Bedeutung.

Nach einem einfachen Frühstück, bestehend aus einen Stück Challa und einem Glas Tee oder Milch, gingen wir zu Fuß in die Synagoge. Orthodoxe Juden dürfen am Sabbat nichts tragen außer dem Schlüssel zu ihrem Haus. Unser Hausschlüssel war sicher mit einem Taschentuch an Zaydes Handgelenk gebunden. Da Kinder unter 13 noch Dinge tragen durften, war ich auserwählt, für Zayde, Bubbe, Mama und alle anderen Erwachsenen, die gerade bei uns waren, die Gebetbücher zu tragen. Woche um Woche luden sie mir ihre Bücher auf, sodass der Stapel bisweilen so hoch war, dass ich gar nicht mehr sah, wo ich hintrat. Irgendwann wurde es zu viel. Eines Samstagmorgens überquerte ich die Straße und stapelte all die Bücher auf dem Fensterbrett eines Geschäfts auf außer denen meiner unmittelbaren Familie. Das war meine Art zu sagen: »Nur weil ich die Kleinste bin, heißt das noch lange nicht, dass ihr mit mir machen könnt, was ihr wollt.« Von da an bat mich niemand mehr, seine Bücher zu tragen. Zayde verstand mich und war nicht wütend.

Die Synagoge war ein hübsches, rotes Ziegelgebäude, das von der Stadt mit Unterstützung der jüdischen Gemeinde errichtet worden war. Der Schrein aus geschnitztem und poliertem Holz befand sich an der Ostseite. Die *Bima* (Kanzel) stand in der Mitte des Raumes. Sie war groß, mindestens zwei Meter lang und einen Meter breit, groß genug, um die Thorarolle darauf auszubreiten, wenn sie zum Lesen ausgerollt wurde. Sie stand auf einem Podest mit einem Eisengeländer ringsherum. Männer aus der Gemeinde wurden aufgerufen, um daraus vorzulesen. Mit ihren *Tallit* (Gebetsmäntel) sahen sie alle sehr ehrwürdig aus. Die Synagoge war wunderschön eingerichtet. Sogar die Holzbänke waren bequem. Die Frauen saßen immer oben auf dem Balkon. Manchmal fragte ich mich: »Sind wir Gott hier näher?«

Wenn wir dann von der Synagoge nach Hause gingen, freuten wir uns auf das späte Mittagessen. Die Reste vom Vorabend würden heute noch besser schmecken. Bubbe und Mama hatten am Freitag absichtlich so viel gemacht, dass genug für das Mittagessen am Samstag übrig war. Aber wir lebten nicht nur von Resten. Am Morgen zuvor hatten Mama und Bubbe noch einen riesigen Topf mit Fleisch und Gemüse vorbereitet. Am Samstag trug ich den großen Topf in die Bäckerei. Andere Familien machten genau das Gleiche. In der Bäckerei gab es einen Ofen, der groß genug war, um solche Töpfe zu erhitzen. Sie hatten dort ihr Brot für den Tag gebacken, aber die Öfen waren noch heiß, sodass dort für ein paar Groszy unser Essen gekocht wurde, ohne dass wir das Arbeitsverbot für den Sabbat brechen mussten.

Nach dem Essen erhob sich Zayde vom Tisch, um seinen Mittagsschlaf zu machen. Er war das Oberhaupt unserer ganzen Familie; es war sein Ruhetag. Und wie still wir dann waren! Sobald Zayde wieder erwacht war, rief er uns alle zu sich an den großen Tisch, wo wir dem Alter entsprechend aufgereiht saßen. Wir holten unsere Bibeln hervor und er lehrte uns von Gott. Das hielt er für seine wichtigste Aufgabe. Wir taten gut daran, unsere Lektionen gelernt zu haben, sonst machte sich ein enttäuschter Gesichtsausdruck auf seinen Zügen breit. Er war streng, aber sanft. Wenn es vorkam, dass einer nicht gelernt hatte, stellte er bedächtig zwei Fragen. »Du hast nicht gelernt? Weißt du, was das bedeutet?« Die Bestrafung begann und endete mit seiner Enttäuschung. Seine hohen Erwartungen waren seine Art, uns seine Liebe zu zeigen.

Auch Bubbe versammelte uns um sich her, um uns aus der Bibel vorzulesen. Meistens, wenn sie uns lehrte, ging es um die Liebe Gottes. Sie las uns oft die Geschichte von Josef vor. Dann lehrte sie uns: »Kinder, ihr müsst immer daran denken, kümmert euch umeinander, übervorteilt einander nicht, so wie es die Brüder von Josef getan haben. Ihr seid die Hüter eurer Geschwister. Und vor allem ihr Älteren müsst euch um die Jüngeren kümmern.«

Das war der Sabbat. Wir taten nichts anderes außer Bibellesen. Wenn die Sonne dann unterging, wünschten wir alle, wir könnten das Licht noch ein bisschen festhalten; es war wunderbar, einfach noch etwas in der Gnade dieses besonderen Tages Gottes auszuharren. Aber schließlich konnten wir Zayde nicht länger aufhalten. Er löschte die Kerzen für den *Hawdala*-Gottesdienst. Bubbe oder Mama oder vielleicht eine meiner Tanten schnitt einen Kuchen auf. Ich erinnere mich immer noch an den wunderbaren Duft des Rührkuchens. Obwohl er schon einige Tage zuvor gebacken worden war, war er so frisch wie am ersten Tag.

Der Sabbat war vorbei und die Arbeit begann. Alle halfen zusammen, um die für den Sabbat reservierten Gegenstände wegzuräumen. »Rose, komm und hilf beim Abwasch«, rief Mama oft und ich tat es dann auch. Während ich abwusch, träumte ich davon, eines Tages auch die Kerzen ausblasen zu dürfen, obwohl ich wusste, dass nur Zayde oder mein Cousin Abraham das durften.

Ich hätte mir nie vorstellen können, dass schon bald eine Zeit kommen sollte, wenn weder Zayde noch Abraham mehr am Leben waren. Ich hätte mir nie vorstellen können, dass die Teller und Untertassen, die ich mit solcher Sorgfalt abwusch, in Scherben zerschlagen oder gestohlen sein würden, um in einer anderen Familie gebraucht zu werden, die noch nicht einmal verstand, weshalb wir so viele unterschiedliche Arten von Geschirr besaßen.

Das Leben in Skarzysko

Die Tatsache, dass wir bei Bubbe und Zayde lebten, bedeutete für uns, dass unser Leben für gewöhnlich ziemlich beschäftigt war. Es hatte den Anschein, dass unser Haus immer voller Leute war. Ich öffnete regelmäßig Frauen die Tür, die nach »Riva Spitz« fragten, meiner Bubbe, die diesen liebevollen Spitznamen erhalten hatte, weil sie »sehr klug und weise« war. Alle kamen zu ihr, um sie nach Antworten auf ihre Probleme zu fragen; bisweilen kamen sie sogar von der anderen Seite der Stadt. Sie saßen dann mit Bubbe zusammen, weinten oder flüsterten verzweifelt von Ehemännern, Kindern oder Finanzen. Sie hörte ihnen zu, berührte sie manchmal leicht an der Schulter und bot ihren Rat an. Die Frauen tranken Tee, aßen die Butterbrote, die Bubbe ihnen hinstellte, und verließen getröstet das Haus. Sie war der Engel unserer Nachbarschaft.

Der große Raum in der Mitte des Hauses war Zaydes Werkstatt, wo er maßgeschneiderte Schuhoberteile entwarf und von Hand herstellte. »Komm her«, sagte er eines Tages zu mir und bedeutete mir mit seinem Finger, näher zu kommen. Ich stand an seiner Seite und beobachtete, wie er mit einem Spezialmesser von Hand das Leder schnitt und Blumen, Berge und Spiralen bis an die Schuhspitzen gestaltete. Es war eine faszinierende und fesselnde Arbeit. Mit großen Maschinen nähte er dann das Obermaterial an den Seiten und Sohlen der Schuhe fest. »Zayde, darf ich heute eine dieser Maschinen bedienen?«, fragte ich. Er schüttelte den Kopf. »Nein.« (Mein Zayde war ein weiser Mann.) Das war eine Aufgabe für meine Onkel und Tanten. »Aber glaubst du, dass du es schaffst, diese Schuhoberseite für mich schön ruhig festzuhalten?«, fragte er. Ich nickte zustimmend. Dann ließ er mich das Obermaterial des neuen Schuhs auf eine Form legen und festhalten, während er es mit dem Hammer bearbeitete. Ich strahlte vor Stolz – ich durfte helfen! Ich wollte meinem Zayde unbedingt gefallen.

An einem Frühlingstag um die Zeit von Passah rannte ich barfuß auf einem Waldpfad hinter unserem Haus entlang. Plötzlich fuhr mir ein stechender Schmerz in den Fuß. Ich war auf einen scharfen Gegenstand getreten und hatte mir eine tiefe Schnittwunde zugezogen. Das Blut färbte das alte Laub vom vergangenen Herbst ringsum rot. Ich schrie und Zayde kam aus dem Haus gestürmt.

»Was hast du angestellt?«, rief er. Als er meinen Fuß sah, hob er mich rasch auf seine Arme und trug mich ins Haus. »Wie kannst du nur so unvorsichtig sein?«, schimpfte er, nachdem er die Wunde behandelt hatte. »Bei einem so tiefen Schnitt kannst du dir eine Infektion oder Entzündung holen. Sogar eine Blutvergiftung kannst du bekommen!«

Ich spürte seinen Zorn auf mich und seine Enttäuschung, die mir weit mehr wehtat, als der Schnitt in meinem Fuß. Aber selbst in diesem Augenblick konnte ich seine Liebe zu mir fühlen, die mich an die Liebe meines Vaters erinnerte, und ich schwor mir, ihm nie wieder Anlass zum Zorn zu geben. »Es tut mir leid, Zayde«, stammelte ich.

»Außerdem«, warf Bubbe mit funkelnden Augen ein, »wenn du dir den Fuß verletzt, wer soll mir dann helfen, Vorräte einzukochen?«

Ich lächelte. Jedes Jahr freute ich mich auf die Erntezeit. Das ganze Frühjahr und den Sommer hindurch begossen und jäteten wir die kleinen Gemüsebeete, aber wenn dann die Ernte kam, ging der eigentliche Spaß los. Fast alles, was wir dort zogen, wurde auf die eine oder andere Art haltbar gemacht. Das Gemüse musste so gut wie möglich zusammengepackt werden, damit es den ganzen Winter über hielt. Zayde bereitete dann immer große Holzfässer vor, in denen das Gemüse aufbewahrt werden sollte, während Bubbe uns frische, weiße Socken anzog. Dann hob Zayde uns in die Fässer, damit wir mit unseren Füßen nicht mehr den Boden berühren mussten. Unsere Aufgabe war es, auf dem Gemüse auf und ab zu springen, besonders auf dem Kohl, um es zusammenzupressen. Ich erinnere mich noch, was für ein Spaß es war, mit aller Kraft auf dem Gemüse herumzuspringen. Sobald wir es bis unter den Fassrand zusammengepresst hatten, wurde weiteres Gemüse nachgefüllt, und wir sprangen und hüpften weiter. Endlich waren alle Fässer randvoll und Zayde hob uns heraus. Bubbe spannte dann über jedes Fass ganz straff ein Tuch und nagelte den hölzernen Deckel darauf. Schließlich rollten die Männer die Fässer in den Keller hinunter, wo es immer kühl war, sodass sich die Lebensmittel gut hielten. Der Boden im Keller bestand aus gestampftem Lehm, sodass wir die Kartoffeln in der Erde vergruben, damit sie sich besser hielten. Mit den Rüben taten wir das Gleiche. Nichts wurde weggeworfen. Wir verwendeten alles. Wir wechselten uns auch am Butterfass ab, um Butter und Käse zu machen. Wer brauchte schon einen Supermarkt?

Bubbe kannte sich auch mit Heilpflanzen und Kräutern aus. Wenn einer von uns Husten oder eine Erkältung hatte, kochte sie Zwiebeln mit Zucker auf, um einen Hustensaft daraus zu machen. Ein Löffel davon reichte schon aus, um alles auszukurieren, so schien es wenigstens. Sie schickte uns auch regelmäßig in den Wald, um dort nach Pilzen, Beeren und speziellen Blättern zu suchen. Daraus stellte sie eine Salbe gegen Verbrennungen her. Als ich die heiße Marmelade über meine Finger geschüttet hatte, ersparte mir diese Salbe, dass sich die Haut an meinen Händen schälte.

Eines Tages bemerkte ich einen dunklen Fleck hinter Bubbes Ohr. Als ich sie danach fragte, meinte sie nur: »Das ist ein Blutegel.«

»Aber warum machst du ihn nicht weg?«

»Blutegel helfen deiner Bubbe gegen ihren hohen Blutdruck«, war ihre Antwort. »Hast du denn heute schon die Ziegen gemolken?«

Ich schnappte mir den Melkeimer und machte mich auf den Weg zu der umzäunten Wiese hinter unserem Haus, wo wir die Ziegen eingesperrt hatten, damit sie uns nicht das ganze Gemüse wegfraßen. Sie teilten sich die Wiese mit den Hühnern. Während ich an den Hühnern vorbeiging, überfiel mich unwillkürlich ein Schauder, als ich an mein eigenes armes Haustier dachte.

Wir zogen die Hühner in unserem Hof groß. Jedes von uns Kindern hatte eines der Hühner zu seinem eigenen Haustier erklärt. Und wie wir uns um sie kümmerten! Aber Mama warnte uns stets, unser Herz nicht allzu sehr an sie zu hängen. Ich verstand überhaupt nicht, was sie damit meinte, bis ich mein Huhn aufgehängt beim Schächter entdeckte.

»Ihr habt mein Huhn umgebracht!«, schrie ich entsetzt. »Wie konntet ihr nur mein Huhn schlachten?«

»Rose«, erwiderte meine Mutter, »was glaubst du denn, wo die Hühner für das Sabbatessen immer herkommen? Ich habe es dir ja gleich gesagt, du sollst dein Herz nicht allzu sehr an das Huhn hängen.«

An diesem Abend verlor ich, Rose, die bereits hungrig auf die Welt kam, meinen Appetit. Ich verließ den Tisch, als das Huhn in der dampfenden Schüssel serviert wurde. Von diesem Zeitpunkt an gab es keine freundschaftlichen Beziehungen mehr zwischen mir und den Hühnern. So kam es, dass ich an diesem Nachmittag lediglich an ihnen vorbeiging, ohne ihnen irgendeine Beachtung zu schenken, als ich mit dem Eimer in der einen und dem Schemel in der anderen Hand den Ziegen hinterherlief.

Die Ziegenmilch war für meine Schwester Sarah. Sie war zwei Jahre älter als ich, aber sie war ein kränkliches Mädchen. Als sie acht Jahre alt war, bekam sie eine Krankheit, die wir »Wasserbauch« nannten. Ich weiß bis heute nicht, was es wirklich war, aber Papa musste sie in ein Krankenhaus in der großen Stadt bringen, damit sie dort »das Wasser ablassen« konnten. Zu diesem Zeitpunkt entschied Bubbe, dass Sarah Ziegenmilch benötigte. Als ich etwa sieben oder acht war, wurde es meine Aufgabe, die Ziegen zu melken, und ich tat es gerne. Das war nur eine meiner vielen Aufgaben.

Unsere Tage und unser Leben hatten einen festen und verlässlichen Ablauf. Jeden Tag nach dem Aufstehen wuschen wir uns, sagten unsere morgendlichen Gebete, zogen uns an, beteten wieder, frühstückten, gingen zur Schule, kamen nach Hause und aßen eine Kleinigkeit. Dann gingen wir zum *Cheder* (hebräische Schule, wörtlich: Zimmer), um Hebräisch zu lernen. Wenn wir dann nach Hause zurückkehrten, war es bereits fast dunkel. Wir machten unsere Hausaufgaben, aßen und erledigten unseren Anteil der häuslichen Arbeit. Die Hühner, Gänse und Ziegen mussten gefüttert und die Ställe ausgemistet werden. Wenn wir dann zu Bett gingen, waren wir sehr müde, sodass wir schnell einschliefen. Wir hatten überhaupt keine Zeit für Langeweile.

Ich vermute, dass wir arm waren, aber alle in unsere Nachbarschaft lebten in den gleichen Verhältnissen, sodass wir, selbst wenn wir arm waren, es nicht wussten. Wir hatten viele Freunde. Unsere Onkel und Tanten lebten nur einige Häuser entfernt. Wenn es anfing zu regnen, während wir draußen spielten, konnten wir immer zu ihren Häusern laufen, wo wir mit Milch, Keksen und Liebe begrüßt wurden. Von allen meinen Onkeln und Tanten war Onkel Meyer mein ausgesprochener Lieblingsonkel. Er war so freundlich. Er nahm sich immer Zeit für uns, hörte sich aufmerksam unsere Fragen an und nahm uns alle sehr ernst. Er trug oft eine Krawatte und ein gestreiftes Hemd. Niemals trug er diese altmodischen schwarzen Hüte. Onkel Meyer hatte einen modischen Filzhut, wie er in den 1930er- bis 1950er-Jahren in Amerika beliebt war. Für mich war er der perfekte Mann. Niemand nahm sich so Zeit für mich wie er.

Eines Tages kam er zusammen mit einer Frau in unser Haus und sagte: »Das ist Luba und wir werden heiraten.« Ich war damals fast zehn Jahre alt und er muss Anfang zwanzig gewesen sein. Ich traute meinen Ohren kaum und so stand ich mit offenem Mund vor ihm. Meine Augen müssen die beiden mit Dolchen durchbohrt haben, weil Onkel Meyer schnell fragte: »Was ist los, Rose?« Ich konnte es damals nicht in Worte fas-

sen, aber ich hasste Luba sofort, diese Fremde, die mir meinen
Onkel Meyer stahl.

Tante Dora und Onkel Meyer

Selbstverständlich konnte Onkel Meyer nicht verstehen, weshalb ich mich so aufregte, weshalb ich mit seiner Verlobten nie
wirklich warm wurde. Er behandelte mich genauso freundlich
wie immer; meine Eifersucht war ihm ein absolutes Rätsel.
Und das verletzte mich natürlich umso mehr.

»Sarah, halt still!«
»Was tust du, Rose? Hör auf!«
Ich hatte ein frisches, noch warmes Hühnerei in der Hand
und versuchte, es an Sarahs Augen zu halten. Bubbe und
Mama taten das manchmal. Irgendwie sollte das gut für uns

sein. Aber Sarah war nicht bereit, mitzumachen, während ich die Erwachsene spielte.

»Sarah, mach doch einfach die Augen zu. Ich tu dir ja nicht weh.«

Schließlich gab sie nach. Ich hielt das warme Ei an ihr Auge und fing an, es leicht gegen ihr Lid zu reiben – ganz offensichtlich nicht leicht genug, da das Ei plötzlich zerbrach und Sarahs Gesicht in Eigelb gebadet war. Sie kreischte auf und Mama und Bubbe kamen ins Zimmer gestürmt.

»Was ist los mit euch?«, rief meine Mutter.

Ich bekam eine gehörige Tracht Prügel für diesen Vorfall. Sarahs Anfälligkeit machte sie zu Mamas Liebling und ich hatte das Gefühl, dass man mir immer für alles die Schuld gab. Ich war schon bald als der Rebell der Familie gebrandmarkt, was in gewisser Weise auch gerechtfertigt war. Nach dem Tod meines Vaters wurde ich noch frecher und starrköpfiger.

Damals war die einzig mögliche Antwort auf mein Verhalten Strafe. Ich erhielt Klapse, ich erhielt Schläge; aber es half alles nichts. Ich kümmerte mich nicht darum. Sarah wunderte sich immer, wie schnell ich eine Schelte oder Strafe abschütteln konnte. Ihr Gesicht brannte immer noch stundenlang, nachdem Mama ihr einen leichten Klaps gegeben hatte, der für mich so viel bedeutet hätte wie eine Liebkosung. Ihre Gefühle waren bereits verletzt, wenn Bubbe eine sanfte Ermahnung aussprach, die ich bereits in dem Augenblick vergessen hätte, in dem Bubbe sie aussprach.

Wenn ich zurückschaue, frage ich mich bisweilen, ob Gott mich auf diese Weise vielleicht vorbereitete. Ich würde schon sehr bald zu einem sehr harten und zähen Mädchen werden müssen, wenn ich Sarah und mich schützen wollte.

Zwischen Passah und Purim

Es war Frühling – beinahe Zeit für Passah! Jedes Mal, wenn ich mich auch nur umdrehte, baten mich Mama oder Bubbe, irgendetwas zu tun. Das Haus musste von oben bis unten geschrubbt und jeder Krümel Sauerteig vor dem achttägigen Fest der ungesäuerten Brote aus dem Haus entfernt werden.

Für uns war es wie Spiel, nach dem Sauerteig zu suchen. Nachdem der erste Raum vollkommen gesäubert war, durfte niemand mehr hinein. Dann wuschen wir das spezielle Passahgeschirr und die Küchengeräte in kochendem Wasser und jemand brachte alles in den einen bereits gereinigten Raum, um sie bis zum Beginn des Festes dort aufzubewahren. Dann marschierten wir weiter, putzten und entfernten erbarmungslos jeden letzten Rest Sauerteig im übrigen Haus. Diese natürliche Reinigung sollte ihre geistliche Entsprechung in der Reinigung unserer Seelen finden, doch wir Kinder dachten damals nicht weiter darüber nach.

Die Aufgabe, die mir an Passah am wichtigsten war und am meisten Spaß machte, war, bei der Zubereitung der Matzen zu helfen, des ungesäuerten Brotes der Not, das die Israeliten in Eile backten, als sie aus Ägypten auszogen. Wir benötigten große Mengen Matzen, nicht nur für das Sederessen, sondern auch, weil wir acht Tage lang kein Brot mit Sauerteig essen durften.

Zayde machte die Matzen in der Bäckerei. Ich half ihm immer dabei, den Teig auszurollen. Andere Männer aus der Synagoge schlossen sich uns an. Wir rollten den Teig so dünn aus wie nur möglich. Dann stachen wir mit einem besonderen Rädchen kleine Löcher hinein. Dieser dünne, brüchige Teig wurde einige Minuten in den großen, offenen Ofen gelegt, ehe es an der Zeit war, ihn zu wenden. Die Männer zogen mich immer damit auf, dass ich noch nicht groß genug war, um die Matzen mit dem hölzernen »Spatel« zu wenden, der über einen Meter lang war. Also wurde ich die Wächterin, die *Schomera*. Wenn ich nicht genau aufpasste, brüllten mich die Männer an, denn wenn die Matzen auch nur eine halbe Minute zu lange im Ofen blieben, verbrannten sie zu einer harten Kruste. Zayde bedrohte mich dann immer mit einem Wellholz, obwohl er nicht im Traum daran gedacht hätte, es gegen mich zu gebrauchen. Ich erinnere mich noch daran, dass ich einmal den gesamten Heimweg über weinte, weil ich einige Matzen hatte verbrennen lassen.

Neben dem Matzen gab es aber noch viele andere Gerichte, die für das Sederessen vorbereitet werden mussten. Auf dem Sederteller musste auch noch *Charosset* zu finden sein (eine süße Mischung aus gehackten Äpfeln, Nüssen, Wein, Honig oder Zucker und Gewürzen) und *Maror* (bittere Kräuter aus geriebenem Meerrettich oder Lattich), die alle vorher zubereitet werden mussten.

Aber die ganze Arbeit war es wert. Ich freute mich bereits den gesamten Winter über auf Passah. Es war das Fest der Befreiung und erinnerte an die Geschichte des Auszugs aus Ägypten, als wir vom Joch der Sklaverei befreit wurden. Jedes Jahr lasen wir an Passah die Geschichte, wie Gott die Israeliten nach vierhundert Jahren Gefangenschaft erlöste. Die Geschichte begann immer mit den Worten: »*Wir waren Sklaven des Pharao…*«

An Passah erinnern wir uns an die Schmerzen und Erniedrigung der Peitsche. Wir kennen Angst und Hoffnungslosigkeit, unsere eigene und die anderer. Wir denken an den Fremdling, weil wir selbst einmal Fremdlinge in einem fremden Land waren. Der Auszug aus Ägypten, und damit auch Passah, nimmt eine zentrale Position in den Gedanken und Gebeten der Juden ein.

Bis heute habe ich die vier Fragen im Ohr, die das jüngste Kind unter den Anwesenden, das lesen kann, am Anfang der Sederfeier stellt. *Ma nischtana, haleila hase mikol halejlos?* Das ist der Auftakt einer ganzen Reihe von rituellen Fragen und Antworten. »Warum ist diese Nacht anders als alle anderen Nächte? Warum essen wir nur ungesäuertes Brot, Matzen? Warum essen wir nur bittere Kräuter? Warum tunken wir das Gemüse zwei Mal ein? Warum lehnen wir uns beim Essen zurück?«

An diesem Abend werden die Kinder aufgefordert, Fragen zu stellen und es ist gleichzeitig unsere Pflicht und größte Freude, sie im Laufe des Sederessens zu beantworten. So erzählen wir einmal mehr die Geschichte von Gottes mächtigen Taten und von seiner Treue, mit der er uns erlöst und befreit hat.

Als Nächstes kam der Teil, den ich am liebsten mochte. »Also gut, Kinder«, sagte Zayde dann, wobei seine braunen Augen strahlten. »Es ist Zeit.« Auf diese Worte hin schwärmten alle Kinder aus und suchten den *Afikoman*.

Im Laufe des Sederessens werden drei Stücke Matzen in eine Tasche gesteckt. Zu Beginn des Essens wird das mittlere Stück Matzen in zwei Teile gebrochen. Eine Hälfte wird zurück in die Tasche gesteckt, die andere wird in ein Tuch gewickelt und versteckt, wobei sich alle Kinder die Augen zuhalten müssen. Später beginnt die »Suche nach dem Afikoman«. Das Kind, das ihn als erstes findet, muss ihn dem Familienoberhaupt zurückgeben und wird normalerweise dafür belohnt.

Als Kind hatte ich immer das Gefühl, dass das Sederessen eine Ewigkeit dauerte. Ich glaube, dass ich meistens schon nach der Suppe und den Matzenklößchen eingeschlafen war. Wenn ich am nächsten Morgen aufwachte, lag ich immer in meinem eigenen Bett und hatte noch den süßen Geschmack von Rosinenwein im Mund.

Zaydes Rosinenwein war der süßeste und leckerste Wein der Welt. Jedes Jahr nahm er einen Korb mit getrockneten Trauben und schnitt sie in kleine Stücke. Er erlaubte sogar meiner Schwester und mir, sie klein zu schneiden, aber er musste mich dabei scharf beobachten, da ich sehr diebisch war. Für fünf klein geschnittene Rosinen steckte ich immer eine in den Mund. Wenn wir endlich fertig waren, schüttete Zayde die Rosinenwürfel in einen großen Krug, der vielleicht 20 Liter fasste, und presste sie fest zusammen. Die vergorenen Rosinen wurden dann zu dem leckeren Saft, den wir an Passah tranken.

Passah gehört zu dem Kreislauf von Festen und Feiertagen, die unserem Leben seinen festen Rhythmus verleihen. Es ist eine verlässliche Abfolge von Gedenktagen. Vom zweiten Abend des Passahfestes an gerechnet zählen wir *Omer*, die 50 Tage bis *Schawuot*. Ursprünglich bezeichnete Omer das erste Opfer oder das erste Maß der neuen Ernte, das in den Tempel gebracht wurde. Die Thora verrät uns nicht, weshalb das wichtig ist, aber im Laufe der Jahre wurde diese Zeit immer wieder mit den Tagen in Verbindung gebracht, die zwischen Passah und der Offenbarung der Thora am Berg Sinai lagen.

An Schawuot feiern wir Gottes Geschenk der Thora an das jüdische Volk. Obwohl es in der Bibel nicht ausdrücklich erwähnt wird, entdeckten die Rabbiner nach der Zerstörung des Tempels im Jahr 70 n. Chr. den Zusammenhang zwischen der Offenbarung auf dem Berg Sinai und Schawuot. Normalerweise wird das Buch Ruth im Laufe dieser Feiertage gelesen – ihre freiwillige Hinwendung zum jüdischen Glauben entspricht unserer Annahme von Gottes Bund am Berg Sinai. Dieser Bund wurde endgültig und für alle Ewigkeit besiegelt und stellt die Grundlage des jüdischen Glaubens dar. Schawuot gilt auch als Hochzeit zwischen Gott und seiner Braut Israel.

In die Sommermonate nach Schawuot fallen eine ganze Reihe von tragischen Ereignissen, die das jüdische Volk im Lauf der Geschichte erlitt. Sowohl der erste als auch der zweite Tempel wurde am 9. Av zerstört. Mit der Zerstörung des zweiten Tempels endete auch die jüdische Selbstbestimmung über Jerusalem. Das war der Anfang der großen Diaspora (Zerstreuung) und der Vertreibung. Es ist eine Zeit der Trauer, die mit einem Fastentag beginnt und mit dem Fasten an *Tischa b'Av* endet.

Im Herbst feiern wir die »hohen Feiertage« und das neue Jahr, das mit *Rosch haSchana* beginnt. Der *Schofar*, das Widderhorn, erklingt – vielleicht als Weckruf oder als Klage des Volkes Israel über die Jahrhunderte hinweg. Damit beginnt eine Zeit, in der wir unser Leben und unsere Taten im vergangenen Jahr überprüfen und für alles um Vergebung bitten, was in den Augen Gottes nicht recht war. Aber es reicht nicht aus, lediglich darum zu bitten. Wir müssen wirklich reumütig sein und Buße über das tun, was wir angerichtet haben. Wir müssen nach Wiedergutmachung trachten. Wenn wir Menschen verletzt haben, müssen wir sie um Vergebung bitten. Der übliche Gruß zu dieser Zeit ist: »*L'schana towa tikatewu*« – »Mögest du ins Buch des Lebens geschrieben werden für ein gutes Jahr.«

Nach zehn Tagen der Buße kommt *Jom Kippur*, der Versöhnungstag, an dem sozusagen unser ganzes Leben auf dem Spiel steht. Wir begehen Jom Kippur, indem wir *Kol Nidre* singen, das unsere Versprechen und Eide, die wir dem Herrn schwören, aber im kommenden Jahr nicht halten, für ungültig erklärt. Da wir uns der Tatsache sehr bewusst sind, dass wir unvollkommen sind, bitten wir den Herrn bereits *im Vorhinein* für unser Versagen um Vergebung. In der sephardischen Tradition bitten wir für alle unerfüllten Versprechen und Eide des vergangenen Jahres um Vergebung. Im Laufe des Abends und des folgenden Tages werden immer wieder ganze Listen von Sünden vorgelesen. Diese außergewöhnlich eindrucksvollen Lesungen enden mit unserer Bitte um Gottes Vergebung. Von Sonnenuntergang bis zum darauffolgenden Sonnenuntergang wird gefastet. An Jom Kippur wenden wir uns Gott zu oder kehren um zu Gott.

Gebet allein ist nicht ausreichend. Wir müssen auch unser Verhalten gegenüber unseren Mitmenschen ändern.

Fünf Tage nach dieser Zeit der Buße kommt eine Zeit großer Freude, *Sukkot*, ein Erntefest. Salomo weihte den Tempel zu Sukkot ein. Zu diesem Zeitpunkt bauen wir uns kleine Hütten unter freiem Himmel, die wir anlässlich des Erntefestes mit Obst und Gemüse dekorieren. Die ganze Familie isst (und manche schlafen sogar) in ihrer Sukka. Es ist ein vorübergehender Unterschlupf, der uns an die Hütten erinnern soll, die unsere Väter auf ihrer Wüstenwanderung 40 Jahre lang immer wieder auf- und abbauten.

Mit Sukkot oder dem Laubhüttenfest wird die Erfüllung der Worte des Propheten Sacharja vorweggenommen, der schreibt: »Und es wird geschehen: Alle Übriggebliebenen von allen Nationen, die gegen Jerusalem gekommen sind, die werden Jahr für Jahr hinaufziehen, um den König, den Herrn der Heerscharen, anzubeten und das *Laubhüttenfest* zu feiern.«[1]

Nach den sieben Tagen von Sukkot fordert die Bibel von uns, noch einen Tag länger in der Gegenwart des Herrn auszuharren: *Schmini Azeret.* An diesem Tag beten wir für Regen während der Wintermonate. Vor etwa tausend Jahren fingen die Rabbiner an, am zweiten Tag die Vollendung der jährlichen Thoralesung mit dem Fest *Simchat Thora* (Freude an der Thora) zu feiern, die dabei durch die ganze Synagoge getragen wird. Jeder Mann gibt sie dem nächsten weiter, der freudig die heiligen Schriftrollen in die Arme nimmt und sich dabei voller Ehrfurcht und Freude bewusst macht, dass er das Wort Gottes in den Armen hält.

An Chanukka im Dezember feiern wir ein Wunder des Lichts. In vielen jüdischen Haushalten werden neunarmige Leuchter mit Kerzen aufgestellt. Am ersten Abend wird eine

---

[1] Sacharja 14,16.

Kerze angezündet, am zweiten Abend zwei und so weiter. Das jüngste Kind zündet den *Schammes* an, die Dienerkerze, an der die übrigen Kerzen entzündet werden. An Chanukka feiern wir Freiheit und Leben und den Mut und den Glauben einer kleinen Truppe von Juden in ihrem langen Kampf und Sieg über die Seleuziden, die hellenisierte, syrische Herrscherdynastie. Als der Tempel neu geweiht wurde, fanden die Makkabäer (die Familie, die den Aufstand angeführt hatte) nur ausreichend Öl, um die Lampen an der Menora im Tempel für einen Tag am Brennen zu halten. Sie zündeten den Leuchter im Glauben an und er brannte acht Tage lang.

Zu Chanukka singen wir Lieder, spielen Spiele und verteilen Geschenke. Wir Kinder liebten dieses Fest. Meinen Kindern und Enkeln geht es genauso. Wenn ich die Kerzen anzünde, feiere ich innerlich mein persönliches Wunder, das sich in jedem Jahr erneuert, das ich noch erlebe.

Als Kinder haben wir uns stets so sehr auf Purim gefreut, dass wir beinahe in der Gefahr standen, *Tu biSchevat* zu vergessen. An Tu biSchevat pflanzt man kleine Samen oder Pflänzchen, um dazu beizutragen, die Welt wenigstens »ein bisschen besser zu machen«. Aber im Januar ist es in Polen nicht so einfach, einen Baum zu pflanzen. In 5. Mose lesen wir, dass man fünf Obstarten und zwei Getreidesorten essen soll, aber hier kam doch es eher selten vor, dass wir alle fünf Obstarten gleichzeitig auf dem Tisch hatten.

Einen Monat später war es an der Zeit, Purim zu feiern und obwohl es zu diesem Zeitpunkt in Polen für gewöhnlich noch nicht sehr viel wärmer geworden war, betrachteten wir dieses Fest stets als Vorboten des Frühlings. Dabei lasen wir jedes Jahr das Buch Ester und spielten es nach. Jedes Mal, wenn der Name Haman erwähnt wurde (der die Juden vernichten wollte), schrien wir laut und schwangen unsere Rasseln, um das Gedenken an seinen Namen auszulöschen. Dagegen jubelten wir, wenn die Namen unserer Helden vorgelesen wurden. Da waren Königin Ester, die jüdische Gemahlin des heidnischen Königs Ahasveros, und ihr Onkel Mordechai, dem es gelang, die Pläne Hamans zu vereiteln.

Während des Purim-Festes finden alle möglichen Arten von Feiern und Belustigungen statt. Man führt kleine Theaterstücke auf. Aber bei all dem stehen immer die Pläne Hamans im Mittelpunkt, der die Juden vernichten wollte. Er wollte uns alle auslöschen. Dabei konnte er auf die Kraft und Mithilfe vieler anderer zurückgreifen. Um ein Haar wären seine Pläne aufgegangen.

Aber im Schoß meiner Familie fürchteten wir Kinder Haman nicht. Wir waren sicher in dem Wissen, dass wir das erwählte Volk waren, dem Gott seine Thora geschenkt hatte. Wir kosteten einige Tropfen von Zaydes Wein, aßen die mit Pflaumen gefüllten süßen Stückchen, die Bubbe und unsere Mama gebacken hatten, lachten und klatschten und teilten unsere unschuldige Freude mit allen. Wir hätten uns nie träumen lassen, dass es auch in unserer Zeit einen Mann gab, der Hamans Pläne endgültig durchführen wollte. Als wir in unserer Familie zusammenkamen, hatten wir keine Ahnung, dass Zaydes Rezept für Rosinenwein zusammen mit ihm im Vernichtungslager Treblinka untergehen sollte.

Warum hassen sie uns?

Jedes Mal, wenn ich mich an meine Familie erinnere, wie wir Gottes Feste gemeinsam feierten, durchzuckt mich ein stechender Schmerz. So gerne ich auch das Bild einer idyllischen Kindheit nachzeichnen wollte, muss ich mich dennoch immer wieder der Wahrheit stellen: Immer wieder gelang es Hass und Antisemitismus, in den geschützten Raum unserer Familie einzubrechen. Wie ich bereits erwähnt habe, gehörte Passah zu meinen Lieblingszeiten im Jahr. Dennoch trage ich die Erinnerung an ein spezielles Passah in mir, die einen der schrecklichsten Augenblicke meiner Kindheit darstellt.

Ich kann nicht viel älter als drei oder vier gewesen sein. Eine unserer Nachbarinnen war eine große, starke Frau mit einer sehr lauten Stimme. Sie war keine Jüdin. An einem Nachmittag trat sie zu mir, wobei sie drohend über meiner winzigen Gestalt aufragte.

»Hier, das habe ich dir mitgebracht«, sagte sie lächelnd und hielt mir ein Stück Kuchen entgegen. Der Kuchen sah lecker aus und duftete, als sei er frisch aus dem Ofen gekommen. Mir lief das Wasser im Mund zusammen.

In diesem Augenblick erinnerte ich mich an die strenge Anweisung meiner Mutter: »Iss niemals, was Fremde dir geben. Niemals.«

Ich zögerte einen Augenblick, aber dann streckte sich meine kleine Hand aus und mein Körper beugte sich vor. Ich sah auf zu dem Gesicht der Frau. Sie lächelte nicht mehr. »Nimm es. Iss es!«, befahl sie. Aber noch war ich unentschieden. »Ich schlage dich, wenn du es nicht tust«, drohte sie. Plötzlich überfiel mich die Angst.

Ich nahm das Stück Kuchen und hatte kaum hineingebissen, als meine Mutter aus dem Haus gestürmt kam und schrie: »Halt!« Sie gab mir einen Klaps auf die Hand und schlug dabei das Stück Kuchen aus meiner kleinen Faust. Dann versetzte sie mir eine Ohrfeige, an die ich mich noch Jahre später erinnerte. Die große Frau begann, schallend zu lachen, wobei sich ihr ganzer Körper hin und her wiegte. Als meine Mutter mich schlug, verstärkte sich ihr hämisches Lachen noch.

»Ein Jude, der einen Juden schlägt, und noch dazu an *Pessach*!«, fügte sie hinzu, wobei sie spöttisch das hebräische Wort für Passah gebrauchte.

Nun brannte mein Gesicht vor Scham. Obwohl ich noch so jung war, wusste ich, dass wir an Passah acht Tage lang kein Brot oder Kuchen aßen, nichts, das mit Hefe gebacken wurde. Ich stand vor unserer Haustür und weinte, weil ich mich daran erinnerte, wie ich zusammen mit meiner Mutter und Schwester vor Passah gründlich nach jedem einzelnen Krümel gesucht hatte, um das Haus frei von Hefe zu wissen.

Und nun hatte ich an Passah Kuchen gegessen! Noch dazu hatte ich Schwein gegessen, obwohl ich es nicht gewusst hatte; der Kuchen war mit Schweineschmalz gebacken. Aber die Frau hatte es genau gewusst. Sie lachte triumphierend, wandte sich ab und ging in ihr Haus zurück. Sie freute sich diebisch über den Streich, den sie dem kleinen Judenmädchen von nebenan gespielt hatte.

Wenn das nur der einzige Fall von offen zur Schau getragenem Antisemitismus in meiner Kindheit gewesen wäre! Aber dem war nicht so. Jeden Tag kamen wir nach dem Besuch der öffentlichen Schule nach Hause, um eine Kleinigkeit zu essen, ehe wir in die hebräische Schule gingen. Auf dem Weg in die hebräische Schule mussten wir eine Brücke über die Eisenbahnschienen überqueren. Diese Brücke stellte die Grenze unserer größtenteils jüdischen und vergleichsweise sicheren Umgebung dar. Oft kam es auf unserem Weg in die hebräische Schule vor, dass sich eine ganze Rotte von polnischen Kindern und Erwachsenen am anderen Ende der Brücke versammelt hatte und uns jüdischen Kindern den Weg versperrte. Wir mussten dann durch die johlende Meute hindurch, die uns mit Steinen bewarf und verfluchte, während wir versuchten, so schnell zu laufen, wie unsere Füße uns nur zu tragen vermochten. Ich kam oft mit blutverschmiertem Gesicht oder einer zerrissenen Bluse nach Hause. Wenn sich ein Kind zur Wehr setzte statt davonzulaufen, verprügelten sie es oder packten es sogar und warfen es von der Brücke auf die Schienen.

Eines Tages beging ich den Fehler, einen Gehweg zu benutzen, der an einer katholischen Kirche vorbeiführte. Mit einem Mal kam ein Priester die Treppen heruntergestürmt, den ich später als »Mann in einem langen, schwarzen Kleid« beschrieb. Er brüllte mir hinterher. Als er mich eingeholt hatte, stieß er mich zu Boden und begann, mit dem schweren Metallkreuz um seinen Hals auf mich einzuschlagen. Er schrie immerfort: »Christusmörder! Christusmörder!« Endlich gelang es mir, seinen Schlägen zu entfliehen und ich lief davon. Ich weinte vor Schmerzen und fragte ich mich: »Wer ist dieser Christus? Was habe ich ihm angetan, dass ich das verdient habe?«

Aber diese Vorfälle waren noch gar nichts im Vergleich zu dem Verrat, den wir letzten Endes durch unsere polnischen Mitbürger erleiden sollten. Mit der Ankunft der Nazis wurde die Verfolgung systematischer, besser organisiert, effektiver, methodischer und schrecklicher. Sogar unsere Nachbarn griffen uns heimtückisch an und attackierten uns grausam. Dann marschierten sie gemeinsam mit der Gestapo durch die Straßen und verrieten ihnen jedes Haus, in dem Juden lebten. Die Belohnung dafür konnte sich sehen lassen: Sie erhielten unsere Häuser, Grundstücke und Wertsachen zum Besitz.

Die Vernunft sagte uns, dass nicht alle Polen die Juden hassten. Irgendwo in dieser Stadt mit ihren 25 000 Einwohnern muss es einige gegeben haben, die Mitleid mit uns hatten, die brüderliche Liebe und christliches Erbarmen für uns empfanden, menschliche Solidarität. Aber ich habe niemanden getroffen. Und dennoch erinnere ich mich, dass ich, je mehr mir klar wurde, dass die Menschen uns nur deswegen hassten, weil wir Juden waren, stets Papas Worte im Ohr hatte und mich regelrecht daran festhielt: »Seid stolz, denn ihr seid von Gott erwählt.«

Teil 2
Kriegsbeginn

Die Invasion

Nach und nach sah ich sie überall. Sie schienen täglich mehr zu werden, die Juden, die aus Deutschland in unsere Stadt kamen. Sie kamen in großen Scharen aus dem ganzen Land. Aber sie waren so anders als alle Juden, die ich kannte. Sie trugen keine Kopfbedeckung auf der Straße und waren modisch gekleidet wie Leute aus der Großstadt. Ich hielt sie alle für hochnäsig. Obwohl sie uns verachteten, schienen sie uns dennoch sagen zu wollen, dass alles schlimmer werden würde. Aber wenn wir ihnen auch glaubten, dass sich etwas Böses in Deutschland zusammenbraute, dachten wir doch alle, dass Polen eine sichere Zufluchtsstätte für uns sei.

Selbst als wir davon hörten, dass die Deutschen in Polen eingefallen waren, fühlte ich mich immer noch ziemlich sicher. Für meinen kindlichen Verstand war es einfach unvorstellbar, dass es irgendeiner Macht gelingen sollte, die große Stadt Warschau zu besiegen. Für mich stand Warschau für uneinnehmbare, unüberwindbare Größe. »Sie werden Warschau niemals einnehmen«, dachte ich.

Dann fielen die ersten Bomben auf unsere Stadt. Wir nahmen an, dass der große Eisenbahnumschlagplatz daran schuld war. Ich erinnere mich wie in kurzen Einzelbildern an die Umstände während dieser Zeit – deutsche Bomber, die über uns hinwegdröhnten, ein polnischer Soldat auf der Straße mit seinem Gewehr, der die Flieger beschoss, die verängstigten Gesichter von Freunden und Verwandten.

Meine Familie und ich zogen in das kleine Dorf Schidlowska. Das Dorf hatte nur ein paar Straßen, aber wir hatten dort Verwandte, sodass wir beschlossen, dort zu bleiben, bis die Fliegerangriffe vorbei waren.

Die Nazis brauchten nur wenige Wochen, um unser Land zu erobern. Nachdem wir die Nachricht vom deutschen Sieg gehört hatten, kehrten wir nach Hause zurück. Wir wussten ja nicht, was wir sonst hätten tun sollen. Ich erinnere mich noch, dass wir von einer großen schwarzen Katze begrüßt wurden, als wir an unserem Haus ankamen, die sich an unseren Beinen rieb und an uns hochsprang. Ich bin nicht abergläubisch, aber der Anblick dieser Katze jagte mir einen Schauer den Rücken hinunter. Seit dieser Zeit mag ich keine Katzen mehr.

Am 15. September 1939 besetzen die Deutschen unsere Stadt. Ich war damals 11 Jahre alt. Eine kurze Zeit lang schien alles ganz normal zu sein. Es war, als würde ein allgemeines Seufzen der Erleichterung die Runde machen. Vielleicht würde es doch nicht so schlimm werden, wie wir alle befürchtet hatten.

Wir Kinder belauschten die Gespräche der Erwachsenen, die darüber redeten, wie viel besser jetzt doch alles werden würde, wo die Deutschen erst einmal da waren. »Wir werden nicht mehr so viel zu erleiden haben wie unter den Polen«, hörte ich eine ältere Frau in einem Laden zu Mama sagen. Eine andere Frau stimmt ihr zu: »Das stimmt. Erinnert euch nur, wie sich die Deutschen im Großen Krieg um die Juden gekümmert haben.« Ich wollte unbedingt glauben, was sie sagten, und so redete ich mir ein, dass die Besatzung nicht so schlimm werden und dass das Leben vielleicht sogar besser werden würde.

Eines Tages wurde unser Schulunterricht plötzlich von einer Gruppe deutscher Offiziere gestört. Sie stürmten in unser Klassenzimmer und bedeuteten der Lehrerin ungeduldig, ihre Erklärungen zu unterbrechen. Einer von ihnen flüsterte ihr etwas zu, das wir nicht verstehen konnten. Sie drehte sich jäh zur Klasse um und brüllte: »Alle Juden vortreten!«

Ich sah mich erschrocken um, aber dann kamen die anderen jüdischen Kinder und ich nach vorne, so schnell das bei dem ganzen Durcheinander möglich war. Dann kreischte sie: »Ihr Juden, verschwindet nach Hause. Ihr habt Befehl, diese

Schule zu verlassen und nie wieder zurückzukommen! Ihr seid hier unerwünscht!«

Ich starrte sie ungläubig an. Das war doch meine Lehrerin; ich hatte immer gedacht, sie mochte mich. Aber nun waren ihre Augen hasserfüllt. Ich verstand das nicht. Weshalb wurden wir bestraft? Viele von uns waren gute Schüler – wir benahmen uns gut und gaben stets unser Bestes. Der Hass, den wir von ihrem Gesicht ablesen konnten, war so stechend, dass ich mit einem Mal verstand, dass wir zu Feinden geworden waren. Was sich mir aber am meisten ins Gedächtnis eingegraben hat, war der bewundernde Blick, den sie dem deutschen Offizier zuwarf, als er uns zur Tür hinaustrieb. Wir standen schweigend in der Eingangshalle, während immer mehr jüdische Kinder zu uns stießen, die ebenfalls aus ihren Klassen vertrieben worden waren.

Vor der Schule wurden wir von Erwachsenen erwartet. Sie fingen an, uns mit Steinen zu bewerfen und zu beschimpfen. Sie schrien: »Dreckige Juden!« Als die polnischen Kinder den Lärm hörten, kamen sie ebenfalls aus der Schule gelaufen und begannen, auf uns einzuprügeln. Niemand gebot ihnen Einhalt. Ich sah mich um. Das waren unsere Mitbürger, Menschen, die ich kannte und mochte, wie ich dachte. Das waren meine Klassenkameraden. In mir stieg der blanke Zorn auf. »Für wen haltet ihr euch eigentlich?!«, schrie ich voller Angst und Zorn. Eine Welle des Zorns überflutete mich und ich hob einige der Steine auf, um sie den Verrätern zurückzuschleudern. Aber sie waren uns zehnfach überlegen. Daher lief ich nach Hause, so schnell ich nur konnte.

Meine Mutter schrie bei meinem Anblick erschrocken auf. Ich war mit Dreck und Blut verschmiert und alles tat mir weh. »Ach, meine Rose!« Sie hielt mich einfach nur im Arm und weinte. Sie konnte einfach nicht fassen, wie irgendjemand ihrem Kind so etwas antun konnte und wie Menschen einfach nur dabeistehen und es zulassen konnten.

Eines Tages, nicht lange danach, saß ich gerade zu Hause über meinen Büchern, um zu lernen, als ich die Haustür hörte. Eine unheimliche Stille folgte. Ich sah auf und vor mir stand Zayde, das Gesicht von seinem dicken Schal verdeckt. Er stand reglos mitten im Zimmer. Seine Kleider waren zerrissen. Bubbe trat zu ihm und zog ihm, ohne ein Wort zu verlieren, sanft den Schal weg. Sein Kinn war blutverkrustet und dunkelviolett verfärbt. Einige Soldaten hatten ihn gepackt und ihm den Bart ausgerissen.

Bubbe half Zayde, den Mantel auszuziehen. Er schämte sich so sehr, dass er sich abwandte, um uns den grässlichen Anblick dessen zu ersparen, was ihm angetan worden war. Ich weinte, als Bubbe ihm Gesicht und Hals abwusch und den Kragen seines Hemdes säuberte. »Nicht mein Zayde«, konnte ich nur immer wiederholen. Ich hätte lieber selbst viel mehr Prügel in der Schule eingesteckt, als meinen Großvater so gedemütigt und verletzt zu sehen.

An diesem Tag verstand ich zum ersten Mal, dass sie uns dafür hassten, dass wir Juden waren, und dass sie uns die ganze Zeit über gehasst hatten. Für mich ergab das alles keinen Sinn – es sei denn … es sei denn, dass wir wirklich anders waren. Es sei denn, dass mit uns etwas nicht in Ordnung war. »Nein«, sagte ich mir entschlossen, »das haben wir nicht verdient. Das haben wir nicht verdient.«

Inzwischen wissen wir, dass in anderen Städten die jüdische Bevölkerung ebenso von den Polen niedergemetzelt wurde. Über Jahre hinweg hatte ihr Hass auf uns im Verborgenen geschlummert und als die Nazis kamen, brach alles aus ihnen hervor. Das Beste für sie, das Schlechteste für uns; und nun fühlten sie sich damit auch noch völlig im Recht. Schließlich hassten uns die neuen Machthaber ja auch. Es gab keinen Ort, an den wir hätten fliehen können – keinen Ort, an dem wir sicher gewesen wären. Nirgendwo.

Vertrieben

Gestern hatte unser Haus noch uns gehört, heute schon nicht mehr. Gestern hatte ich noch ein Bett gehabt und Kleider und Bilder, und plötzlich hatte ich nichts mehr. Gestern war da noch ein Ort gewesen, an dem ich mich zumindest relativ sicher gefühlt hatte, und heute gab es keine solche Zuflucht mehr. Das wurde uns alles genommen und jemand anderem gegeben. Alles ging so schnell.

»Juden raus!«, brüllten die Nazi-Soldaten, als sie unsere Tür aufbrachen. Wir starrten sie ungläubig an, bis sie ihre Gewehre auf uns richteten. Draußen auf der Straße standen Gruppen von Polen, die alles johlend beobachteten, als wäre es ein Theaterstück, das zu ihrer Belustigung aufgeführt wurde. Ich hasste sie in diesem Moment so sehr, vielleicht sogar noch mehr als die Männer, die uns aus unserem Haus vertrieben.

»Nur das mitnehmen, was ihr tragen könnt! Beeilung! Los jetzt! Raus!«, schrie der deutsche Offizier.

Bubbe und Zayde waren die Ersten, die anfingen zu packen, und beide weinten. Ich konnte es nicht fassen. War es möglich? Bubbe und Zayde weinten? Zayde war das Oberhaupt unserer Gemeinschaft. Ich hatte ihn noch nie so erschüttert gesehen. Und meine Großmutter war die klügste Frau der ganzen Stadt. Wusste sie keine Antwort mehr?

Ich rannte in unser Zimmer im rückwärtigen Teil des Hauses, wo ich Mama antraf. Auch sie weinte, während sie ein großes Leintuch nahm, alles Bettzeug hineinstopfte und es zusammenband. Ich stand wie angewurzelt und beobachtete sie. Sie sah mich und ohne auch nur einen Augenblick innezuhalten, rief sie mir zu: »Steh da nicht nur so rum, schnapp dir, was du tragen kannst. Wir müssen schnell machen.« Sie hatte kaum ausgeredet, da platzten die Nazis auch schon in unser Zimmer und brüllten Befehle, um uns aus dem Haus zu scheuchen.

Unsere Familie drängte sich mit den wenigen Habseligkeiten, die wir aus unserem Haus hatten retten können, auf der Straße zusammen. Dann wurden wir gemeinsam mit anderen Juden, die ebenfalls aus ihren Häusern gejagt worden waren, in einen anderen Teil der Stadt getrieben. Das Gebiet war höchstens eineinhalb Straßen lang und ein paar Blocks breit. Es war ringsherum mit Wachen abgeriegelt. »Willkommen in eurem neuen Zuhause«, spottete einer von ihnen.

»Mama, wie sollen wir alle denn in die wenigen Häuserblocks passen? Da gibt es ja gar nicht genug Wohnungen für uns alle!«

Es war jedem selbst überlassen, sich ein Plätzchen im Getto einzurichten. Mama, Sarah, Esther, Nathan und ich landeten schließlich in einem Hinterhof, der früher für Pferde genutzt worden war. Die einzelnen Ställe waren in winzige Einheiten unterteilt worden. Wir waren darin so eng gedrängt, dass mindestens einer von uns erdrückt worden wäre, wenn die Tür nach innen statt nach außen aufgegangen wäre. Es gab keinerlei Heizung. Selbst um die Mittagszeit war es immer noch kalt.

Das Getto war ringsum von polnischen Wachposten umgeben. Das waren »Volksdeutsche«. Ihre Vorfahren waren ursprünglich aus Deutschland eingewandert, worauf sie besonders stolz waren. Sie unterdrückten auch die Polen, die slawischer Herkunft waren. Für uns Juden hatten sie nichts als Verachtung übrig.

Die ersten Tage im Getto hatten wir nicht viel zu tun. Wir durften nur tagsüber auf die Straße – nicht, dass es da auf diesem engen Raum besonders viel zu sehen oder zu tun gegeben hätte.

Aber schon bald galt unsere Hauptsorge der Nahrungsbeschaffung. Wir durften das Getto nicht verlassen. Selbst wenn gelegentlich einige Nahrungsmittel verteilt wurden, war es nie genug und in manchen Fällen war es sogar völlig ungenießbar. Ich versuchte, das ständig nagende Gefühl des Hungers in meinem Bauch zu ignorieren, aber bisweilen konnte ich an nichts anderes als an Essen denken. Oft, wenn es nicht genug zu essen gab, gab meine Mutter uns ihre Portion und verzichtete auf Essen. Jedes Mal, wenn ich Mama ansah, erschrak ich. Sie siechte dahin, aber es war nicht nur der Hunger, der an ihr zehrte, sondern auch die Hoffnungslosigkeit, die sie ergriffen hatte. Sie schien ganz abwesend und in Gedanken verloren zu sein. Ich fragte mich bisweilen, ob sie an meinen Papa dachte, und wünschte mir, dass er da wäre, damit sie sich auf ihn stützen könnte und er sich um uns kümmerte. Manchmal änderte sich aber auch der mutlose Ausdruck auf ihrem Gesicht und dann packte sie einen von uns und drückte uns fest an sich. Dabei lag in ihrer Umarmung gleichzeitig Liebe und Verzweiflung.

Ich begann, Nahrungsmittel für meine Familie zu stehlen. Weil ich die Jüngste und Kleinste war, war es für mich leichter, mich aus dem Getto zu schleichen. Durch die Straßen stahl ich mich bis in den Hinterhof hinter der Bäckerei, wo die noch warmen Brotlaibe zum Abkühlen auf dem Fensterbrett aufgereiht waren. Ich versuchte immer, zwei Laibe zu erwischen, einen für uns und einen für Bubbe und Zayde, die nicht weit von uns in eine winzige Kammer gesteckt worden waren. Wenn ich dann ins Getto zurückkam, drückte ich Mama das Brot in die Hand. Gott sei Dank hat sie mich nie gefragt, wo das Brot herkam. Wie hätte ich ihr erklären sollen, dass ich das achte Gebot brach? So verzweifelt wir auch waren, wollte ich doch immer noch Gott gefallen.

Das Leben wählen

Eines Tages waren Sarah und ich im Getto unterwegs, um unsere Großeltern zu besuchen, als Sarah mich plötzlich am Arm

48

packte. »Was ist da drüben los?«, fragte sie. Ich blickte in die Richtung, in die sie zeigte, wo sich eine ganze Menschentraube um einen der Volksdeutschen angesammelt hatte. Er verlas laut eine Erklärung.

Wir konnten ihn aus der Entfernung nicht so gut verstehen, aber überall im ganzen Getto klebten Plakate mit dem Wortlaut der Bekanntmachung an den Häusermauern. Sarah und ich gingen zu einem der Plakate, um selbst zu lesen, was dort stand – es war ein Aufruf, sich als Arbeiter zu melden. Wenn wir bereit wären zu arbeiten, so stand da, könnten wir Sicherheit für unsere Familien schaffen.

»Was hältst du davon?«, fragte mich Sarah.

»Wenn wir so Bubbe, Mama und Zayde retten können, haben wir, glaube ich, gar keine andere Wahl.«

»Das denke ich auch.«

»Außerdem«, meinte ich, »was sollen wir denn sonst machen?« Ich sah mich um. Es gab keine Schulen mehr, auch keine hebräische Schule. Wir hatten keinen Garten mehr, in dem wir etwas hätten anbauen können, keine Tiere, um die wir uns kümmern konnten. Wir konnten schließlich nicht nur tatenlos herumsitzen und darauf warten, dass die nächste sinnlose Stunde kam und ging.

Also meldeten wir uns. Wir wählten das Leben, für unsere Familien und für uns selbst. Man befahl uns, uns früh am nächsten Morgen auf dem Marktplatz zu versammeln. Von dort aus mussten wir unter schwerer Bewachung durch deutsche Soldaten zu einer Fabrik marschieren. Ich weiß nicht, wie weit sie entfernt war, aber mir kam es vor, als wären wir stundenlang gelaufen. Schließlich kamen wir an einer Munitionsfabrik an.

Was wussten zwei kleine Mädchen von elf und dreizehn Jahren schon über scharfe Munition, die Arbeit in einer Fabrik oder schwere Maschinen? Ein Vorarbeiter zeigte uns flüchtig, wie wir die Maschinen zu bedienen hatten. Es war eine einfache Lektion, aber uns blieb auch gar nichts anderes übrig, als sie bereits nach dem ersten Mal richtig zu beherrschen. Die Wachen beaufsichtigten uns die ganze Zeit. Sie waren wie eine ständige Bedrohung und hielten die Waffen griffbereit in der Hand. Ich arbeitete mit voller Konzentration, als hinge mein Leben davon ab – denn das tat es auch. Ich hatte noch keine genaue Vorstellung vom Tod, doch ich wusste, dass ich nicht so unter der Erde landen wollte wie Papa. Ich war mir im Klaren darüber, dass die Wachen keinerlei Probleme damit haben würden, mich dorthin zu schicken.

Sarah und ich hatten unterschiedliche Aufgaben. Ich arbeitete an einer Dehnmaschine, die die Patronenhülsen auf die Länge von Gewehrkugeln dehnte. Sarah arbeitete an einer sogenannten Lackiermaschine, in der die Patronen mit heißem Lack versiegelt wurden. Der Lack musste sehr heiß sein und bisweilen fielen die Patronen in ihren Schoß, sodass sie sich schlimm verbrannte. Sie hatte solche Schmerzen, dass ich mich manchmal fragte, wie sie überhaupt noch laufen konnte. Sie war so ein empfindliches Mädchen.

Mama ermahnte Sarah immer, sich um mich, ihre kleine Schwester, zu kümmern. »Ganz egal, was passiert«, sagte sie immer, »du bist die große Schwester, also bist du für sie verantwortlich.« Aber in der Fabrik kehrten sich unsere Rollen langsam um. Ich übernahm die Verantwortung für Sarahs Schutz, wo auch immer ich nur konnte. Ich war schließlich die zähere von uns beiden. Wenn sie bei ihrer Arbeit zu langsam war, ließ ich eine Bemerkung fallen, um die Wachen abzulenken, und dann erhielt ich Schläge dafür, dass ich gesprochen hatte. Aber es machte mir nichts aus, dass sie mir wehtaten, solange Sarah nur verschont blieb.

Die Prügel begannen fast am ersten Tag. Wir erhielten Ohrfeigen, Fausthiebe und Fußtritte. Sie zogen uns an den Haaren.

Einige Wachen trugen Stöcke und Ruten bei sich, andere nahmen Peitschen, normalerweise die sogenannte »neunschwänzige Katze«. Diese Peitschen bestanden aus neun geflochtenen Schnüren, die an einem Griff befestigt waren. Die Soldaten schlugen damit erbarmungslos auf alles ein, was sich in ihrer Reichweite befand. Ob wir gerade saßen, standen oder eine Leiter hochkletterten, die Peitsche erreichte uns immer. Sie klatschte auf unseren Bauch, unsere Schultern und Beine. Wenn sie die Beine erwischte, tat es besonders weh. Es fühlte sich jedes Mal an, als würde man von einem elektrischen Schlag durchzuckt. Aber wir mussten weiterarbeiten, als wäre nichts geschehen. Die Prügel wurden zu einem normalen Bestandteil unseres Tagesablaufes. So hielt man uns unter Kontrolle.

Eines Tages wurden wir nach der Arbeit nicht ins Getto zurückgeführt. Wir mussten lange Zeit in eine ganz andere Richtung marschieren, bis wir in einem Lager ankamen, wo Baracken errichtet waren. Sie öffneten die Tore und befahlen uns, hineinzumarschieren. In jeder Baracke befanden sich lange Reihen von Pritschen. Erschöpft ließen wir uns darauffallen. Wir kehrten nie ins Getto zurück. Die Bekanntmachung war eine Lüge gewesen.

Teil 3

Ein einziger Albtraum

Tiefer in die Finsternis

Sarah und ich fanden uns in einer von Menschen erschaffenen Hölle wieder, im sogenannten B-Lager. In der ersten Nacht weinte ich nach Mama, weil ich sie so sehr vermisste. Wenn wir weinten oder uns beklagten, wurden wir geprügelt. Aber es ist nutzlos, mit einem kleinen Mädchen zu diskutieren, das seine Mama verloren hat.

Wir arbeiteten etwa 18 Stunden am Tag. Wir mussten die ganze Zeit über an unseren Maschinen bleiben. Ich war oft so müde, dass die Versuchung, meinen Kopf einfach nur für einen Augenblick auf meine Arme zu legen, einfach zu groß war. Wenn man mich aber dabei erwischte, gab es ein grausames Erwachen.

Alles schien grau zu werden. Unsere Kleider wurden zerschlissen und waren mit Blut und Dreck beschmiert. Eines Tages sah ich an mir herunter und meine Augen fielen auf den gelben Faltenrock, den ich trug. Er war so leuchtend gelb gewesen – nun war er schmutzig, zerknittert und schäbig. Die Bluse, die ich trug, war einmal weiß gewesen, aber das war vor lauter Schmutz nicht mehr zu erkennen. Sie war schmutzig; ich war schmutzig.

Dann kamen jeden Tag neue Juden aus Krakau und anderen Teilen Polens an. Einige von ihnen trugen wunderschöne Pelzmäntel, elegante Lederschuhe und lange Kleider aus schönen, mit Blumen bedruckten Stoffen. Aber jeder dieser herrlichen Mäntel war auf dem Rücken mit einem langen Streifen weißer Farbe verschmiert. »Was für eine Verschwendung«, dachte ich kindlich, »einen guten Mantel so zu ruinieren.« Doch die Neuankömmlinge blieben für gewöhnlich nicht lange. Die Menschen verschwanden; manchmal tauchten einige ihrer Kleidungsstücke wieder auf und wurden ohne großes Aufhebens auf einen Haufen irgendwo auf dem nackten Fußboden geworfen. Ach, wie wir alles an uns rissen, das wir ergattern konnten, besonders wenn es ein Mantel oder ein Paar Schuhe war! Während ich so auf der Jagd nach etwas war, das Sarah und mich wärmen konnte, versuchte ich, nicht an die Menschen zu denken, die die Sachen vorher getragen hatten und was vielleicht mit ihnen geschehen war.

Bisweilen hörten wir den Schrei von jemandem, der ein Kleidungsstück eines Familienangehörigen wiedererkannte. Mit jeder Ladung Kleidungsstücke, die in das Lager geschafft wurde, begriffen wir mehr, was das bedeutete: Eine weitere Stadt oder ein Gebiet war »judenfrei« gemacht worden.

Später erfuhren wir, dass all diese Leute in das Vernichtungslager Treblinka geschickt worden waren. Dorthin kam auch meine Familie – nach Treblinka, wo sie ermordet wurde. Meine Tanten und Onkel, mein großer Bruder Nathan, meine kleine Schwester Esther, meine Mama, meine Bubbe, mein Zayde, die meisten meiner Cousins und Cousinen. Alle ermordet. In weniger als einem Satz verschwunden.

Mein Bruder war der Älteste. Er war der Liebling meiner Eltern und nach dem Tod meines Vaters war er der Boss. Ich hätte mich am liebsten die ganze Zeit mit ihm gestritten. Aber stellte sich immer schützend vor mich und uns alle. Er kam immer zu mir gelaufen, wenn Mama mich suchte. »Du steckst in Schwierigkeiten. Warum kletterst du auf das Dach? Warum tust du so was?«

Esther war das liebste und schönste Mädchen, das man sich denken konnte. Sie sah nie das Schlechte in anderen. Für sie waren alle Freunde und wunderbare Menschen. Sie war

Mein Bruder Nachum

blond, hatte Grübchen in den Wangen und blaue Augen. Ihre Haut war wie Milch und Butter, ihr Gesicht hatte die Farbe einer Rosenblüte. Sie war drei oder vier Jahre jünger als ich. Den ganzen Krieg über fühlte ich mich unendlich schuldig, dass ich sie nicht mit mir hatte durchbringen können.

Und trotzdem rissen wir uns um die Kleider.

Das war der Anfang einer langen, qualvollen Nacht. Aus den Jahren des Schreckens ragen aber immer noch einzelne Vorfälle besonders heraus. Einmal stand ich an meiner Maschine und arbeitete. Alles lief vorschriftsmäßig, doch plötzlich nahm der Vorarbeiter seine Peitsche und fing an, auf mich einzuschlagen. Es tat so weh, dass ich beinahe das Bewusstsein verlor. Ich muss vor Schmerz und Angst verrückt gewesen sein, denn ich schaute auf und schrie: »Warum? Warum schlagen Sie mich? Was habe ich gemacht?«

Er packte mich am Arm und zerrte mich in die Mitte der Werkhalle. Die anderen Wachen umringten mich. Sie waren aus der Ukraine und noch grausamer als die Deutschen.

Den Rest des Tages wurde ich öffentlich ausgepeitscht. Jedes Mal, wenn ich zu Boden fiel, zerrten sie mich wieder hoch, um weiter auf mich einzuschlagen. Ich erinnere mich, wie ich auf der anderen Seite der Fabrik Sarah durch den Nebel von Schmerz und Qual sah. Sie schluchzte, während sie keinen Augenblick ihre Arbeit unterbrach. Ich hätte am liebsten nach ihr gerufen, aber ich wollte keine Aufmerksamkeit auf sie lenken, da ich fürchtete, dass sie sonst für ihre Tränen bestraft werden könnte.

Es ist eine besondere Art des Sadismus, Menschen dafür zu bestrafen, dass sie schwach sind, oder dafür, dass sie lediglich nach dem Grund fragen. Ich hatte meine Lektion an diesem Tag gelernt. Solange wir im Lager waren, stellte ich keine Fragen mehr. Ich habe immer noch Scheu davor, Leute etwas zu fragen. Manchmal fällt es mir sogar schwer zu fragen, wo jemand herkommt oder was er beruflich macht.

Natürlich konnte ich an diesem Tag mein Arbeitssoll nicht erfüllen. Aber es gab keine Entschuldigung, das Soll nicht zu erfüllen, gar keine. Deshalb stellten sie mich an diesem Abend wieder an meine Maschine. Ich arbeitete die ganze Nacht bis zur Morgendämmerung, um das Soll an Patronenhülsen für den Vortag zu erfüllen. Am nächsten Morgen war ich nach nur zwei Stunden Schlaf wieder bei der Arbeit, als wäre nichts geschehen.

Unsere tägliche Nahrungszuteilung bestand aus einer Scheibe Brot, etwa einen halben Zentimeter dick, einem Becher Kaffee-Ersatz und bisweilen einem Becher Linsensuppe. Wir wussten, dass es Suppe war, weil »es« heiß war; und wir erkannten, dass es Linsensuppe war, weil gelegentlich eine Linse auf der Oberfläche trieb.

Wir alle wussten von den täglichen Hinrichtungen. Eines Morgens standen wir in Reih und Glied zum Appell draußen auf dem Hof vor den Baracken. Ich wurde zusammen mit einigen anderen aus den Reihen gerufen und man befahl uns, in einer gesonderten Reihe zu stehen. Das war die schlechte Reihe; wir alle wussten es. Nun war ich an der Reihe, ermordet zu werden. Ich sah, wie meine Sarah erbleichte. Sie winkte mir, zu ihr zurückzukommen. Aber wir standen unter strenger Bewachung und ich durfte nicht riskieren, dass sie uns beide töteten.

Plötzlich gab es einen kurzen Augenblick, in dem die Wachen abgelenkt waren, und ich spürte, wie jemand mich aus der Reihe zog. Ich drehte mich nicht um, um herauszufinden, wer es war, sondern ich rannte sofort blindlings auf die Baracken zu, wo es mir gelang, mich unter die Holzkonstruktion zu zwängen. Dort kauerte ich mich zusammen und versuchte, weder zu atmen, zu weinen noch sonst etwas zu tun, das mein Versteck verraten hätte. Ich fühlte mich wie ein gejagtes Tier.

In diesem Augenblick traf ich eine Entscheidung. Ich würde nicht einfach so sterben. Im Rückblick erscheint das absurd.

Schließlich war ich den Kräften, die mein Leben auslöschen wollten, in vielerlei Hinsicht unterlegen und stand ihnen hilflos gegenüber. Aber irgendwie gab mir dieser innere Entschluss neue Kraft. »Ich werde nicht sterben«, sagte ich mir immer wieder.

Ich blieb die ganze Nacht unter den Baracken und wagte nicht einzuschlafen. Während ich mich so eng wie möglich an den Boden drückte, kam mir mit einem Mal, dass diese Baracken auf eben dem Waldstück erbaut waren, wo ich früher mit meinem Bruder, meinen Schwestern und Freunden gespielt hatte. Das war nur einige Monate her. Ich erinnerte mich daran, dass in unserem Spiel einige Stellen als »sicher« galten. Niemand durfte einen abschlagen, solange man sich an dem »sicheren« Ort befand. Aber jetzt, als ich so verängstigt und frierend im Dreck lag, fiel mir auf, dass ich mich schon seit Langem nirgendwo mehr »sicher« gefühlt hatte.

Früh am nächsten Morgen kroch ich in die Baracke zurück und schlich mich vorsichtig zu Sarah, die aufschrie, als sie mich sah.

»Rose!«

»Pssst! Sonst hört dich noch jemand!«

»Du armes Ding, du bist ja eiskalt.«

»Ich weiß und wir müssen schon bald in die Fabrik«, stöhnte ich. Ich wusste, dass ich zur Arbeit gehen musste. Ich konnte nicht in der Baracke bleiben und darauf warten, dass mich jemand fand. Das Risiko war einfach zu hoch. Aber mein ganzer Körper tat so weh von der Unterernährung, den Schlägen, der Erschöpfung und Angst, dass ich mich einfach nicht mehr rühren konnte. Ehe ich mich versah, war ich auch schon eingeschlafen. Ich verschlief den ganzen Tag zusammengerollt auf meiner Pritsche. Das war ein Wunder für mich.

Als ich am nächsten Tag in die Fabrik zurückkehrte, stand eine andere Frau an meiner Maschine. Sie trat von der Maschine zurück, als sie mich sah, und ich nahm meinen früheren Platz wieder ein. Es fühlte sich sehr seltsam an, einen ganzen Tag Arbeit verpasst zu haben. Ich erwartete beinahe, dass eine freundliche Lehrerin zu mir kommen und nach meiner Gesundheit fragen würde. Vielleicht würde ich meine Hausaufgaben nachmachen müssen, so wie es früher war. Aber natürlich fragte niemand nach.

Nur wenige Tage, nachdem ich dem Tod so knapp entronnen war, kam der Kommandant des Lagers in die Fabrik. Er kam zu meiner Maschine herüber und starrte mich an, während ich arbeitete. Ich gab mir alle Mühe, unter seinem Blick nicht zu zittern.

Er kam um die Maschine herum und baute sich direkt hinter mir auf. »Steh auf!«, befahl er. Ich gehorchte und fragte mich im Stillen, ob mein letztes Stündlein geschlagen hatte. Der Kommandant rief ein paar Wachen zu sich und unterhielt sich flüsternd mit ihnen, während ich bewegungslos an meinem Platz stand. Sie alle nickten zustimmend.

Ehe ich wusste, wie mir geschah, hatten sie mich bereits zum »Wachturm« mitgenommen. Eigentlich war es ein Wachhaus und kein Turm. Man sagte mir, dass es von nun an meine Aufgabe wäre, die Gänse und andere Tiere zu füttern, die hinter dem Haus eingezäunt waren. Ich hatte keine Ahnung, weshalb sie mir diese neue Arbeit zuteilten, und der Gedanke, von Sarah getrennt zu werden, erfüllte mich mit Panik. Aber ich entdeckte schon bald, dass die neue Aufgabe auch ihre Vorteile hatte.

Immer, wenn ich zum Wachturm ging, kam ich an der Stelle vorbei, an der die Kartoffeln gekocht wurden, die bisweilen unsere mageren Essensrationen ergänzten. Da war dann mein gelber Rock sehr praktisch. Ich nahm eine Kartoffel für die Gänse und zwei Kartoffeln für mich. Eine für sie, zwei für mich. Wenn ich meinen Rock dann mit den Kartoffeln gefüllt hatte, rannte ich in unsere Baracke zurück und versteckte sie, ehe die anderen aus der Fabrik zurückkehrten. Anschließend lief ich zurück zum Wachhaus, fütterte die Gänse, rannte, um mehr Kartoffeln zu holen, und dann zurück zur Baracke. Wenn die anderen Gefangenen zurückkamen, saß ich dort mit meinem Geheimnis und fühlte mich, als wäre ich in Wirklichkeit eine Königin. Schließlich war ich reich. Ich hatte Kartoffeln. Zu diesem Zeitpunkt waren einige meiner Cousinen noch am Leben und wir wohnten alle in der gleichen Baracke. Also teilten wir uns das Essen.

Heute mag es schwierig nachzuvollziehen sein, wie sehr der Besitz einiger Kartoffeln die Perspektive verändern kann. Ich hatte das Gefühl, dass Gott seine Hand über mich hielt. Aber dann verriet jemand den Wachen, dass ich diesen Schatz gehortet hatte. War es eine Mitgefangene, die neidisch war und mir und meinen Cousinen die täglichen zusätzlichen Kohlenhydrate nicht gönnte? Sie hatte doch nichts zu gewinnen. Vielleicht wurde sie aber auch mit einigen Kartoffeln belohnt.

Wie auch immer, an diesem Tag wurde ich ganz fürchterlich geprügelt. Die Wachen kamen und zerrten mich nach draußen. Der Kommandant war persönlich anwesend und sah wütender aus, als ich ihn je zuvor gesehen hatte. Später erfuhr ich, dass ich meine neue Aufgabe erhalten hatte, weil ich seiner Tochter ähnlich sah. Daher konnte er den Gedanken nicht ertragen, dass ein Mädchen, das wie seine Tochter aussah, stahl. Aber es schien ihm nichts auszumachen, dass ein Mädchen, das wie seine Tochter aussah, fast zu Tode geprügelt wurde. Diesen Widerspruch werde ich nie verstehen.

Gestohlene Kindheit

Selbstverständlich ließ man mich nie wieder in die Nähe des Wachhauses. Der Albtraum wurde mit jedem Tag schlimmer. Ich werde nie verstehen, weshalb sie mich nach dem Vorfall mit den Kartoffeln nicht sofort erschossen haben. Andere wurden für weit geringere Vergehen umgebracht.

Wir mussten auch vielen öffentliche Hinrichtungen beiwohnen. Eines Tages wurde eine junge Frau hingerichtet, die außergewöhnlich schön war. Sie rissen ihr die Kleider vom Leib und erhängten sie nackt. Wir mussten alle zusehen, bis ihr Körper nicht mehr zuckte. Man sagte uns, dass sie ausgewählt worden war, um ein Exempel zu statuieren. »Handelt nicht so wie sie!«, wurde uns gesagt. Ich hatte sie nie anders handeln sehen als alle anderen. Aber irgendwie wusste ich, dass ihre Schönheit der Grund für ihren Tod gewesen war. Ich hielt mich nicht für besonders schön, aber ich fing an, mir Gedanken zu machen. »Was kann ich tun, damit ich nicht schön bin?« Es war viel besser, hässlich zu sein, so wie alle anderen.

Was ich jetzt erzähle, ist etwas, das mich bis auf den heutigen Tag verfolgt. Am Samstagnachmittag nahmen sie immer einige von uns mit und brachten uns in den zweiten Stock eines bestimmten Gebäudes. Dort befand sich der sogenannte »Raum oben«. Das war ein Saal für die Unterhaltung der Soldaten, so wie eine Bierhalle in München. Dort wurden uns die Hände zusammengebunden und wir wurden daran an den Balken aufgehängt wie Fleisch beim Metzger. Sie schleuderten uns herum und droschen mit der neunschwänzigen Katze auf uns ein. Wo auch immer die Peitsche traf, platzte die Haut auf, wie nach dem Krallenhieb einer Katze.

Die Soldaten saßen herum und tranken Bier, rauchten Zigaretten, lachten und rissen dreckige Witze. Sie schlossen Wetten ab, wer von uns am lautesten schreien würde. Wenn wir nicht laut genug schrien, schnitten sie uns los und fesselten uns auf die »Streckbank«. Unsere Hände wurden an einem Ende über unseren Köpfen festgebunden und unsere Füße am anderen Ende an ein Stück Holz mit einer Kurbel. Dann wurde die Kurbel gedreht und unsere Gliedmaßen auseinandergezerrt, bis wir nicht mehr schreien konnten.

Viele Frauen starben auf dieser Bank. Viele starben an anderen Foltermethoden. Die Wände und der Fußboden in diesem Saal waren blutbespritzt. Bis zum heutigen Tag kann ich ihn noch vor mir sehen und riechen.

Ich kann mich aber an keine schlimmere Folter erinnern, als meine Schwester in den »Raum oben« mitgenommen wurde. Herring, ein großer deutscher Offizier mit fettigem, dunklem Haar und gelben Zähnen, die bei seinem verzerrten, sadistischen Lächeln sichtbar wurden, hatte besondere Freude daran, Sarah zu misshandeln. Er war unglaublich grausam zu ihr und wenn sie weinte und um Gnade bat, nahm er sie mit in den »Raum oben«. Wenn ich dann sah, wie sie weggeschleppt wurde, stieg in mir ein Schrei auf: »Nimm mich! Nimm nicht sie! Sie ist zu schwach!« Aber es half alles nichts.

Man kann nicht beschreiben, wie es sich anfühlt, wenn Menschen Vergnügen daran haben, anderen heftige Schmerzen zuzufügen. Ein Leuchten glitt über ihr Gesicht, ihre Augen blitzten, ihre Stirnen und Wangen glänzten von getrocknetem Schweiß.

Erst jetzt weiß ich, dass dieses Verhalten einen Namen hat: Sadismus. Diese Männer empfanden perverse Befriedigung, wenn sie anderen Schmerzen zufügen konnten. In meiner ganzen Jugend war ich nur von solchen Gesichtern umgeben. Mit der Zeit begann ich zu denken, das wäre normal so.

Nach einer Weile empfand ich diese absolute Grausamkeit und Angst als Normalität. Man konnte nie sicher sein, ob einem nicht irgendwann das Leben von einer verirrten Kugel ausgelöscht werden würde. Man konnte nie wissen, wer einen packen und einem Dinge antun würde, die kein Mensch jemals einem anderen antun sollte. Vergewaltigung war an der Tagesordnung. So lebten wir.

Kinder wurden noch mehr als die anderen missbraucht und geprügelt. Warum? Ich wusste es damals nicht und weiß es bis heute nicht, wie jemand Kindern solche Dinge antun kann. Ich weiß nicht, wie ein Mensch etwas so Schönes und Unschuldiges wie ein Kind anschauen kann und dann beschließt, es zu zerstören. Ich weiß es einfach nicht.

Die Wachen ließen uns regelmäßig in Fünferreihen zum Appell antreten, um uns zu zählen. Sie zählten uns immer und immer wieder, es kam uns vor wie eine Ewigkeit. Bei jedem Appell wählten sie willkürlich einige Leute aus den Reihen aus. Diese Leute sahen wir niemals wieder. Sie waren von der todesähnlichen Existenz, die wir alle führten, in ihre Gräber gegangen. Es gab kein erklärbares Muster dabei, keinen vernünftigen Grund, der uns begreiflich gemacht hätte, warum bestimmte Leute zu bestimmten Zeiten umgebracht wurden. Wir waren alle des gleichen Verbrechens schuldig – wir waren Juden. Schon unsere Anwesenheit war ein todeswürdiges Vergehen.

Auch wenn ich meine Fragen niemals aussprechen durfte, drehten sich meine Gedanken bisweilen im Kreis. Weshalb mochte mich plötzlich keiner mehr? Was hatte ich getan? Hatten die Streiche, die ich als Kind ausgeheckt hatte, solchen Hass hervorgebracht? Warum war ich eine Gefangene unmittelbar in der Nähe der Stadt, in der ich geboren und aufgewachsen war?

Es gab keine Antworten auf meine Fragen. Da es keine Antworten gab, wäre ich auch schon mit etwas Trost zufrieden gewesen. Deshalb betete ich: »Gott Abrahams, Isaaks und Jakobs, hilf mir. Ich brauche eine Umarmung. Ich brauche meine Mama, meine Bubbe und meinen Zayde.«

Aber sie waren fort und ich wusste, sie würden mich nie wieder in die Arme nehmen. Gebete halfen nichts, dachte ich. Es nutzte überhaupt nichts, an einen so schweigenden Gott zu glauben.

Ich kam zu dem Schluss, dass meine Mutter sich getäuscht oder mich im schlimmsten Fall angelogen hatte. Und mein geliebter Zayde? Er hatte mir einfach nicht die richtigen Dinge beigebracht. Wenn es wirklich einen liebenden Gott gäbe, wäre ich nicht hier, wo man mich schlimmer behandelte als ein Tier.

Mit einem Mal wurde mir klar, dass es keinen Gott gab. Wenn ich überleben wollte, würde ich alleine stark sein müssen. Wenn irgendjemand Sarah schützen sollte, würde ich es sein müssen.

Es gab zwar keinen Gott, aber die Hölle gab es sehr wohl. Sie hatte zwar keinen feurigen Pfuhl, sondern war eher so, wie Dante sie beschreibt. Sie bestand aus einem gefrorenen See, in dessen Mitte Satan sitzt. In den elenden Wintern im Lager durchlebten wir eine solche Hölle. In der beißenden, feuchten Kälte des Frühlings und gegen die eisigen Windstöße im Herbst bot unsere dünne Kleidung unseren unterernährten Körpern nur wenig Schutz und Wärme. Selbst in der glühenden Sommerhitze wurden unsere Seelen nicht wirklich gewärmt.

Ich war kein Kind mehr.

Meine Jugend verschwand in einem Nebel von Schmerz und Hunger. Während ich eigentlich Verabredungen zum Tanztee oder zum heimlichen Stelldichein hätte haben sollen, nagte ich an meinen rohen Kartoffeln und kämpfte ums Überleben. Ich war kein Teenager und es gab Tage, an denen ich nicht einmal mehr glaubte, wirklich noch ein Mensch zu sein.

Hunger

Sarah und ich wurden ins A-Lager verlegt. Die Nazis hatten in unserer kleinen Stadt drei Lager angelegt, das A-, B- und C-Lager. Die Zustände dort und die Arbeit waren dieselbe. Der einzige sichtbare Unterschied war, dass in den anderen Lagern die Maschinen nicht so oft kaputt gingen wie im A-Lager. Jede Baracke hatte Reihen mit schmalen Holzpritschen, immer drei übereinander. Sarah und ich hatten zusammen eine obere Pritsche. Nachts war mein Kopf immer an den Kopf oder die Füße einer anderen Frau gedrückt. Die sanitären Anlagen waren sehr primitiv und nur in geringer Anzahl vorhanden. Nachts tropfte bisweilen der Urin von den oberen Pritschen nach unten.

Als wir ankamen, streiften meine müden Augen über den traurigen Anblick. Plötzlich fiel mir ein bekanntes Gesicht auf: »Tante Dora!« Ich rief sie und winkte. Sarah und ich gingen zu ihr hinüber und unsere Herzen fühlten sich beim Anblick einer Familienangehörigen ein bisschen leichter. Dora war die Schwester meiner Mutter.

Es war ein Hoffnungsschimmer. Jetzt würde das Leben besser werden, irgendwie leichter. Ich glaubte, dass jedes Mitglied unserer Familie uns helfen oder schützen würde. Von einigen wusste ich, dass sie ihr Leben für uns gegeben hätten.

Tante Dora schien sich zu freuen, uns zu sehen, aber sie war nicht wirklich herzlich. Als Sarah und ich uns an diesem Abend auf unserer Pritsche aneinander kuschelten, flüsterte ich ihr ins Ohr: »Hast du gesehen, wie viel Essen Tante Dora gebunkert hat?«

»Ich weiß!«, flüsterte Sarah zurück. »Meinst du, sie wird es mit uns teilen?«

Aber Tante Dora bot Sarah und mir niemals irgendetwas von ihrem Essen an. Anfangs konnte ich nicht verstehen, wie sie die leiblichen Kinder ihrer eigenen Schwester derart ignorieren konnte. Aber das hier war kein Leben, hier ging es nur ums bloße Überleben. Jeder von uns tat, was er musste. Jede soziale Norm, alle Höflichkeit, jede Sorge um die Mitmenschen verschwanden sehr schnell, wenn etwas Essbares zu sehen war oder uns auch nur der Geruch davon in die Nase stieg.

Wir lebten für Essen und wir starben für Essen. Wir waren ganz besessen davon. Der Hunger verließ uns nie. Selbst wenn wir unsere Tagesration verschlungen hatten, waren wir immer noch hungrig. Ich träumte sogar vom Essen.

Die Dokumente besagen, dass der durchschnittliche Kaloriengehalt der Rationen für die Gefangenen weniger als 800 Kalorien am Tag betrug. Das ist zu wenig, um Leben auf die Dauer aufrechtzuerhalten. Nach dem Krieg kamen einige interessante Tatsachen über den Fraß ans Licht, der den Gefangenen in manchen Lagern ausgeteilt wurde. Ich entdeckte, dass eine der Hauptzutaten des Brotes, das wir erhielten, Sägemehl war. Ich weiß nicht, wie krank man sein muss, um auf so etwas zu kommen.

Der Hunger nagte so sehr an uns, dass wir kaum je Essen aufsparten. Aber eines Nachts versteckte ich einen Brotkanten unter meinem dünnen Kopfkissen, um ihn am nächsten Morgen mit Sarah zu teilen.

In der Nacht erwachte ich plötzlich von einem Geräusch und spürte, wie sich etwas neben meinem Arm bewegte. Ich hob das Kissen und sah eine Ratte, die an dem Stück Brot nagte. »Nein!« Wütend wedelte ich mit meiner Hand und verscheuchte die Ratte. Dabei weckte ich eine Frau neben mir. Sie sah mich an, wie ich mit dem angefressenen Stück Brot in der Hand dasaß. Mir wurde schlecht bei dem Gedanken, etwas zu essen, das zuvor eine Ratte angefressen hatte, aber ich war immer noch schrecklich hungrig.

»Wirf es nicht weg«, flüsterte die Frau.

»Aber die Ratte...«, protestierte ich schwach.

»Es ist Essen«, entgegnete sie streng. »Außerdem, wenn du den Teil isst, an dem die Ratte genagt hat, bekommst du starke Zähne.«

Ihr Rat, ob er nun ernst gemeint gewesen war oder nicht, erinnerte mich plötzlich an etwas, das meine Bubbe immer gesagt hatte. Und obwohl mein ganzer Körper bei dem Gedanken erschauderte, welche Krankheiten die Ratte wohl verbreiten mochte, wusste ich, das die Frau recht hatte: Es war etwas zu essen. Es würde Sarah und mich durch einen weiteren Tag bringen.

Vom A-Lager aus war der Weg zur Arbeit in der Fabrik länger. Bisweilen gelang es mir, auf unserem Fußmarsch einen Blick auf den Himmel zu werfen. Es war immer schwieriger, sich vorzustellen, dass es außerhalb des Lagers noch eine andere Welt gab. Die Welt da draußen und meine Erinnerung daran schienen zu verschwinden. Es tat zu weh, sich daran zu erinnern, dass es einmal eine Zeit gegeben hatte, in der mein Körper sauber, mein Magen gefüllt und ich von meiner Familie umgeben war.

Eines Tages musste ich über etwas lächeln, das eine andere junge Frau gesagt hatte. Es war ein seltsames Gefühl zu spüren, wie sich meine Backen hochzogen und meine Zähne bloß lagen. Aber es währte nicht lange.

»Du Judengöre, was gibt's da zu lachen?!«, brüllte mich ein Wachsoldat an, der sich drohend über mir aufgebaut hatte.

Ich hatte noch nicht einmal die Möglichkeit, etwas zu antworten, da hatte er mich bereits gepackt und mir eine herbe Tracht Prügel verpasst. Ich spürte, wie meine Haut aufplatzte. Noch heute kann ich es spüren.

Danach sah er mich an und fauchte: »Ich werde dir schon was zum Lachen geben, Judengöre!«

Anschließend schleppten er und ein anderer Wachsoldat mich weg und warfen mich in ein volles Latrinenfass. Der Gestank war fürchterlich. Selbst jetzt wird mir noch schlecht, wenn ich darüber nachdenke. Aber die Auswirkungen auf meinen Körper waren noch viel schlimmer. Große Geschwüre brachen auf, die nicht mehr verheilen wollten. Ein Schnitt im Daumen entzündete sich und irgendwann zog sich eine rote Linie an meinem Arm entlang. Es war fast wie eine Beule. Eines Abends sah sich die Frau meinen Arm an, die mich damals überredet hatte, das Rattenbrot zu essen, und verzog das Gesicht: »Blutvergiftung!« Sie riet mir, auf meinen Daumen zu urinieren, in der Hoffnung, dass es dann vielleicht besser werden würde. Ich tat, was sie befohlen hatte, und mein Daumen heilte wieder. Ich werde diese Frau nie vergessen. Sie hat mir vermutlich den Arm gerettet.

Eines Abends, als wir in der langen Schlange anstanden, um unsere Suppenration zu erhalten, flüsterte Sarah mir aufgeregt zu, dass sie gehört hätte, Onkel Meyer wäre irgendwo im A-Lager. Mein Herz schlug schneller bei dem Gedanken an diesen sorglosen und freundlichen jungen Mann.

Die Frau von Onkel Meyer war ebenfalls im Lager. Eines Tages beschwatzte sie ihn erfolgreich, ihr mehr Brot zu besorgen. Er wurde bei dem Versuch erschossen. Als ich davon hörte, hätte ich Luba am liebsten das Herz herausgerissen. Ich hatte sie ohnehin schon beschuldigt, mir meinen Onkel Meyer genommen zu haben, und nun hatte sie ihn mir für immer geraubt.

Allein der Gedanke an Essen kann einen Verhungernden zu extremen Dingen treiben. Ich erinnere mich noch an den Tag, als ich ins Büro des Lagerkommandanten gerufen wurde. Vor diesem Zeitpunkt hatte ich ihn immer nur aus der Ferne gesehen. Aus der Nähe betrachtet war er hässlich, klein gewachsen und hatte einen krummen Rücken. Ich war fast so groß wie er. Er war für seine Grausamkeit berüchtigt. Ich versuchte, mir meine Angst nicht anmerken zu lassen, als ich sein Büro betrat.

Schweigend betrachtete er mich einige Minuten lang. Dann erhob er sich von seinem Schreibtisch und kam langsam auf mich zu. Dabei war sein Blick unverwandt auf mein Gesicht gerichtet.

»Sag mir«, drang er, »wer sind die Leute im Untergrund in unserem Lager? Wir müssen ihre Namen wissen!« Er sprach im Befehlston, doch gleichzeitig war es so verführerisch, als er von *unserem* Lager sprach. Es war, als hätten wir eine stillschweigende Übereinkunft, er und ich.

Ich murmelte etwas davon, dass ich es nicht wusste. Der Untergrund war eine Geheimgruppe, die für den Widerstand arbeitete. Ich hatte andeutungsweise von ihnen gehört, aber ich hatte keine Ahnung, wer sie waren. Die ganze Sache war sehr geheimnisvoll für mich. Ihre Existenz gab uns gleichzeitig Anlass zu Hoffnung und Sorge.

»Nun gut, dann wirst du es eben für mich herausfinden«, entgegnete er, »wenn du leben willst.« Er befahl mir, meine Hände auszustrecken und legte langsam vier Eier hinein, eines nach dem anderen. Die Botschaft war eindeutig. Wenn ich für ihn spionieren würde, würde er mir im Gegenzug Essen verschaffen. Wenn nicht – nun, es gab kein »wenn nicht«. Ich vermutete, dass er vier Namen von mir erwartete, einen für jedes Ei.

Ohne ein weiteres Wort ließ er mich gehen. In den nächsten Tagen verbrachte ich so viel Zeit wie möglich auf der Toilette versteckt. Ich dachte, wenn mich die Mitglieder der Untergrundgruppe finden sollten, würden sie mich sicherlich umbringen. Ich befürchtete, dass der Kommandant mich erschießen lassen könnte, weil ich bei meiner »Spionage« nicht aggressiv genug vorging.

Aber die Eier waren gut. Ich konnte mich nicht erinnern, jemals bessere gegessen zu haben. Ich teilte sie mit Sarah und meinen Cousinen.

Es war nur wenig nötig, um die Menschen in den Konzentrationslagern dahin zu bringen, dass sie einander verrieten. Für gewöhnlich war bereits das Versprechen von Essen genug, damit jemand einen anderen verriet. Diejenigen, die im Gegenzug für Privilegien ihre Mitgefangenen im Stich ließen, waren oft die Grausamsten. Es gab einen deutschen Juden, den wir »Viteda« nannten. Er war als Wächter über uns eingesetzt. Er arbeitete für die Nazis, um zu überleben. Viteda war nicht sein richtiger Name, aber wir nannten ihn so, weil er uns immer anschrie: »Viteda – weiter!« Er schlug uns unaufhörlich. Seine Peitsche hatte kleine Metallstücke an den Enden, die er meiner Meinung nach selbst eingeflochten hatte. Es war schwer zu glauben, dass uns ein Jude so behandeln konnte, einfach nur, um sich bei den Nazis einzuschmeicheln. Er war sogar entfernt mit unserer Familie bekannt, aber er schlug Sarah und mich mit der gleichen wütenden Grausamkeit wie alle anderen. Später hörte ich, dass er von anderen Gefangenen im Lager Buchenwald umgebracht worden war. So hatten ihm letzten Endes seine grausamen, verräterischen Bestrebungen nichts genützt.

Ich gab dem Kommandanten nie irgendwelche Informationen. Ich erinnere mich noch, wie er am Tor stand, als die Leute aus der Fabrik kamen. Bisweilen durchsuchte er uns alle auch persönlich. Vielleicht suchte er nach gestohlener Munition, wer weiß. Und dann plötzlich, etwa einen Monat, nachdem ich in sein Büro gerufen worden war, verschwand er ganz und gar aus dem Lager. Bis heute weiß ich nicht, warum.

Aber schon bald danach wurde eine Gruppe junger Männer auf der Flucht aus dem Lager erwischt. Wir wurden alle aus unseren Baracken gerufen und mussten uns in ordentlichen Reihen auf dem Appellplatz aufstellen, sodass alle den Galgen in der Mitte des Platzes sehen konnten. Es war vor dem Abendessen und uns allen knurrte der Magen. Völlig irrational, vielleicht sogar irrsinnigerweise, machte ich diese Männer dafür verantwortlich, dass sie unser Abendessen hinauszögerten. Ich wünschte, dass die Hinrichtung bald vorbei wäre, damit wir endlich essen konnten. So weit war es mit uns gekommen.

Der Galgen war nur roh zusammengezimmert. Eine erhöhte hölzerne Plattform und der große Querbalken wurden von senkrechten Balken an beiden Enden gehalten. Von dem Querbalken herab baumelten die Seile. Die Gefangenen mussten auf hölzerne Schemel steigen. Als die Schlingen um die Hälse der jungen Männer gelegt worden waren, sprach irgendein Vertreter des Lagers zu uns, den Zuschauern, den versammelten Gefangenen. Er erzählte uns eine warnende Geschichte – über die Gefahr des Ungehorsams. Und was lernte ich daraus? Wir hatten lediglich die Wahl, beim Versuch zu leben, zu sterben oder einen langsamen Tod zu leben.

Dann trat ein Wachposten einen Schemel nach dem anderen unter den jungen Männern weg. Während er langsam die Reihe entlangging, zappelten die Beine der vorhergegangenen Jungen noch kurz in der Luft und suchten vergeblich nach Halt, während ihnen die Kehle zugeschnürt wurde. Ihre Bewegungen wurden langsamer, sie verdrehten die Augen, bis nur noch das Weiße zu sehen war, und dann hingen nur noch ihre Zungen aus dem Mund, die sich langsam blau verfärbten. Allein ihnen zuzusehen war qualvoll.

An diesem Abend gab es eine zusätzliche Ration Brot zur Suppe.

Transport

»Alle raus! Jetzt! Los!« Die gebrüllten Befehle rissen uns aus dem Schlaf. Augenblicklich war die Baracke von hektischer Geschäftigkeit erfüllt wie ein Wespennest. Wir stolperten buchstäblich übereinander, während uns die Wachen stießen und schlugen, um uns zu noch größerer Geschwindigkeit anzutreiben. Sie hatten uns aus den Baracken getrieben, ehe wir vollständig erwacht waren. Wir wurden im Eiltempo zu den Schienen abgeführt, wo wir eine ganze Reihe von Viehwaggons mit geöffneten Türen sahen.

Ich streckte mich und konnte erkennen, dass sie leer waren. In jedem Waggon stand in einer Ecke ein Eimer. In jeden Waggon pressten sie so viele wie möglich von uns hinein und dann wurden noch zusätzliche menschliche Körper hineingestopft. Wir waren in dem Waggon so dicht aneinandergedrängt, dass ich kaum atmen konnte. Dann rollte der Zug an. Der Waggon war so überfüllt, dass wir buchstäblich aufeinanderstehen mussten. Es war kein Platz, dass irgendjemand den Eimer zum Toilettengang hätte erreichen können, sodass wir zum Wasserlassen einfach blieben, wo wir waren, und spürten, wie der Urin nach und nach an unseren Beinen festtrocknete. Der Gestank wurde schon bald unerträglich und einige fielen in Ohnmacht.

»Rose, wo fahren wir hin?«, fragte Sarah mit erstickter Stimme und hielt sich die Hand vor den Mund, um sich vor dem beißenden Gestank zu schützen.

»Ich weiß es nicht und ich bin mir nicht sicher, ob ich es wirklich wissen will.« Das war die Wahrheit. Ich hatte das A-Lager gehasst und wollte von ganzem Herzen glauben, dass sie uns an einen besseren Ort bringen würden. Aber gleichzeitig fürchtete ich das Unbekannte, sodass ich das A-Lager nur ungern verließ.

In das Innere des Viehwagens gelangte nur wenig Licht, aber es hatte doch den Anschein, als würden wir den ganzen Tag lang auf unser unbekanntes Ziel zurollen. Es stellte sich heraus, dass wir nach Tschenstochau gebracht wurden, in ein anderes Konzentrationslager.

Als wir nach unserer Ankunft in dem neuen Lager aus den Viehwagen taumelten, wurden wir sofort in verschiedene Gruppen aufgeteilt. Ich wurde einer Gruppe von jungen Leuten zugeteilt. Einige waren in meinem Alter, einige waren etwas älter, aber ich war immer noch mit Sarah zusammen und das war alles, was für mich zählte.

Sie brachten uns zu einem zweistöckigen Gebäude und dort in den zweiten Stock. Es war ein weiteres Industriegebäude. Wir wurden sofort zur Arbeit in der Munitionsfabrik eingeteilt. Die Erfolge der Alliierten hatten die Nazis unter Druck gesetzt, die deshalb ihre Munitionsproduktion auf Hochtouren laufen ließen, sodass wir noch längere Arbeitszeiten ableisten mussten als zuvor. Wir wurden etwas weniger geschlagen, da sie uns alle für die Arbeit brauchten.

In Tschenstochau hielt niemand die Maschinen instand, an denen wir arbeiteten. Bisweilen gingen sie kaputt oder explodierten. Viele von den Jüngeren, die an diesen Maschinen arbeiteten, wurden auf diese Weise verstümmelt oder gar getötet. Wenn jemand so schlimm verstümmelt wurde, dass er nicht mehr arbeiten konnte, wurde er erschossen.

Es war oft bitterkalt, sogar in den Werkhallen. Bei der Arbeit konnte ich meine Finger kaum noch spüren. An Nahrungsrationen erhielten wir in etwa das Gleiche. Aber es gab nie wirklich genug, sodass unsere Körper sich Tag für Tag ein wenig mehr auszehrten. Je schwächer wir wurden, desto schlechter arbeiteten wir. Uns war allen klar, dass wir nicht sehr viel länger auf diese Weise würden arbeiten können. Letzten Endes würden wir zusammenbrechen und ersetzt werden.

An einem besonders ermüdenden Tag arbeitete ich wie gewöhnlich und versuchte, mein Pensum zu erfüllen, als plötzlich die Maschine, an der ich arbeitete, explodierte. Funken stoben und Metallsplitter durchbohrten meine Arme und meinen Rücken. Ehe ich vor Schmerzen aufschreien konnte, hatte mich bereits jemand gepackt, mir seine Hand auf den Mund gedrückt, mich in einen anderen Raum getragen und mich dort auf einen Tisch gelegt. Dort stopfte mir jemand einen alten Lumpen in den Mund, damit ich keinen Lärm machen und so die Aufmerksamkeit der Wachen auf mich lenken konnte.

»Pssst! Wenn sie rausfinden, dass du verletzt bist, haben sie keine Verwendung mehr für dich! Und dann…« Der Fremde beendete seinen Satz nicht. Aber ich hatte ihn verstanden.

Ein anderer Gefangener »bearbeitete« mein Bein mit einem Messer, um die Metallsplitter zu entfernen. Ich hörte ihn vor sich hinmurmeln: »Noch einer, noch einer.« Während er arbeitete, so schnell er nur konnte, hielt jemand anderes meine Hände fest und schlug mir immer wieder ins Gesicht, um mich von den Schmerzen in meinen Beinen abzulenken. Es funktionierte. Sie verbanden mich mit Lumpen und stellten mich wieder an meine Maschine, während sie versuchten, sie wieder zum Laufen zu bekommen. Schließlich mussten wir unser Tagespensum erfüllen. Ich stand blutend und benommen da. Danach muss ich in einen Schock gefallen sein, da ich keine Erinnerung mehr an das habe, was dann geschah.

Als ich wieder zu mir kam, war ich in der Baracke. Ich schleppte mich nach draußen und suchte mir eine Ecke, eine kleine Nische unter dem Holzbau. Obwohl es dort dunkel und feucht war, fühlte ich mich geborgen, wenn es auch nur für einen kurzen Augenblick war. Durch den Nebel von Schmerz, Hunger, Erschöpfung und Schmutz dachte ich: »Schau mich nur an, jetzt bin ich wirklich der dreckige Jude, von dem sie immer gesprochen haben.« Es war schon lange her, seit ich mich das letzte Mal in einem Spiegel betrachtet hatte, aber ich wusste, dass ich nicht geeignet war, mit zivilisierten Leuten an einem Tisch zu sitzen. In meinem Versteck unter der Baracke fühlte ich mich wie das Geschmeiß, als das sie uns immer beschimpften.

»Gott«, flüsterte ich, »bitte sag mir, dass du da bist. Sag mir, dass du mich liebst.« Ich wartete, aber ich hörte und spürte nichts.

»Gott!«, schrie ich. »Ich will zu meiner Mama! Ich will nicht mehr hier bleiben. Bitte, du Gott Abrahams, Isaaks und Jakobs, lass mich zu meiner Mama zurückgehen!«

Aber wieder schwieg Gott.

Ich kehrte auf meine Pritsche in der Baracke zurück, wobei ich mich bemühte, Sarah nicht zu wecken. Ich wusste, dass ich am nächsten Tag wieder an der Maschine zu erscheinen und zu arbeiten hatte. Nach ein paar Tagen hörten die Wunden auf zu bluten, aber nun fingen sie an zu eitern. Der Schmerz war unerträglich, aber ich durfte mich weder setzen noch hinlegen. Unser Leben wurde von einer sehr einfachen Gleichung bestimmt: Arbeite oder stirb. Ich glühte vor Fieber und war so schwach, dass ich immer wieder zu Boden fiel. Aber dann war immer jemand zur Stelle, der mich wieder hochhob und festhielt und mir etwas zu trinken gab. Einmal musste ich auf die Toilette. Ich wusste, dass ich dort eine Minute würde ausruhen können. Als ich hineinging, brach ich in dem Abteil zusammen und schlief vor lauter Erschöpfung ein.

Plötzlich spürte ich, wie mich jemand heftig schüttelte. Sarah stand über mir und schrie mich an: »Steh auf! Steh auf!« Sie nahm meine Hand und zog mich auf meine Füße. Dann führte sie mich zurück zu meiner Maschine. Als ich mich daran abstützte, gingen mir die Worte durch den Kopf: »Ich muss diese Hölle überleben. Ganz egal, was sie mir antun, ich werde überleben!«

Von diesem Zeitpunkt an wurde ich stark. Ich spürte die Schmerzen nicht mehr so sehr. Ich konnte das Fieber nicht mehr fühlen. Ich wusste, dass ich überleben musste; der einzige Weg war, zu arbeiten und mich hart zu machen.

Eines Abends meinte Sarah: »Weißt du, was morgen ist?« Ich zuckte mit den Schultern. »Es ist Rosch haSchana.« Ich zuckte wieder mit den Schultern. Was bedeutete das neue Jahr schon für mich, außer dass ich immer noch an diesem elenden Ort war? Es hieß doch nur, dass inzwischen noch mehr Zeit vergangen war. Noch mehr meines Lebens war aufgefressen worden. Die Zeit zu messen war doch nur sinnvoll, wenn ein Ende absehbar war. Was nützte uns schon Rosch haSchana, wenn doch offensichtlich war, dass das neue Jahr nichts Gutes bringen würde?

Zehn Tage nach Rosch haSchana war Jom Kippur.

Es war der reinste Sarkasmus, dass wir an unserem heiligen Fastentag eine doppelte Nahrungsration erhielten. Als ich die Hand nach meiner Essensportion ausstreckte, packte Sarah meinen Arm. »Rose, es ist Jom Kippur!«

»Ich weiß, Sarah. Aber sag mir nicht, dass du wirklich fasten willst!«

Sie bestand darauf: »Aber natürlich!«

»Bist du verrückt?«, schrie ich sie an. »Du musst essen!«

»Aber es ist Jom Kippur«, wiederholte sie. Ich hätte sie am liebsten erwürgt. Sie war so dünn und schwach; das Essen hätte ihr geholfen, wenigstens einen weiteren Tag zu überleben. Aber ich musste ihr nur in die Augen sehen, um zu wissen, dass ich sie nicht davon würde abbringen können.

»Na schön, dann faste eben«, spottete ich. »Aber ich tu das bestimmt nicht.«

Sarah war nicht die Einzige, die sich weigerte zu essen. Andere versuchten ebenfalls, mich dazu zu bewegen zu fasten. Aber ich schüttelte sie nur ab.

»Es gibt keinen Gott, der mich dazu bringen könnte zu fasten«, sagte ich rundheraus. Einige der Frauen sahen mich traurig an, aber das war mir egal. Wie sollte ich denn an Gott glauben und wie viel weniger ihm gehorchen, wenn er solches Elend zuließ? Wie sollte ich denn glauben, dass ihm irgendetwas an mir oder sonst jemandem von uns lag?

Ich zwang Sarah, eine Ration Essen zu nehmen, die ich den ganzen Tag für sie bewachte, bis Jom Kippur vorbei war. Ich konnte spüren, wie sich eine Kälte in meinem Herzen ausbreitete, als hätte es eine Erfrierung. Aber das interessierte mich nicht. Sollten die Leute doch denken, ich sei hart und gleichgültig. Das war besser, als wenn sie mich bemitleiden und denken würden: »Das arme Kind«.

Tschenstochau war meine Überlebensschule. Und es war auch der Ort, an dem ich meinen Glauben endgültig aufgab.

Wir erhielten die Nachricht, dass inzwischen unsere ganze Stadt »judenrein« war, also dass alle Juden aus der Stadt deportiert worden waren. Die Deutschen und die Polen waren stolz darauf, wenn sie eine Gegend als »judenrein« bezeichnen konnten. Alle Juden aus unserer Stadt waren nach Treblinka gebracht und umgebracht worden. Wir waren nur noch ein kleiner Rest, dem langsamen Tod überlassen.

Als mir klar wurde, dass ich meine Familie nie wiedersehen würde, weinte ich lange und ausgiebig, bis ich keine Tränen mehr hatte. Dann wandelte sich mein Weinen in tränenloses Schluchzen der Verzweiflung, beinahe schweigende Schreie. Meine Lippen formten immer wieder das Wort »Warum?«, aber aus meiner Kehle kam kein Ton. Danach hatte ich ausgeweint. Von diesem Zeitpunkt hielt ich meine Gefühle versteckt und mein Herz wurde immer kälter.

Eines Morgens, nicht lange danach, konnte man überall im ganzen Lager aufgeregtes Getuschel hören – die Russen waren im Anmarsch! Die Gerüchte jagten durch das Lager wie aufgescheuchte Feldmäuse und langsam wagten wir zu hoffen, dass die russische Armee ebenso schnell vorankommen würde. Es war das Jahr 1944. Ich hatte bereits vier Jahre in den verschiedenen Lagern verbracht.

Jeder von uns erhielt einen ganzen Laib Brot – ein Festmahl, das es so noch nie gegeben hatte – und dann wurden wir erneut in die Viehwaggons getrieben. Diesmal wussten wir alle irgendwie, wo es hinging – nach Deutschland!

Später fanden wir heraus, dass genau in dem Moment, als wir abfuhren, die Rote Armee von der anderen Seite her in die Stadt eindrang. Wir hatten unsere Befreiung um Haaresbreite verpasst.

Wieder wurden wir von Zug zu Zug gescheucht, von einem Lager zum anderen geschoben. In den Zügen mussten wir um unser Überleben kämpfen. Ich hatte die Brote genommen, die Sarah und ich erhalten hatten, und sie unter meiner Kleidung auf meinem Bauch verborgen. Eines Nachts, als ich versuchte, wenigstens eine kostbare Stunde Schlaf zu bekommen, spürte ich plötzlich, wie eine Hand über meinen Bauch glitt, um nach dem Brot zu greifen. Ich packte die Hand und biss mit aller Kraft zu. Eine Frau schrie auf und fluchte vor Schmerz. Sie war eine von zwei Schwestern, die ebenfalls überlebten. Ich glaube, heute leben sie in Rochester im Staat New York. Sie muss bis zu diesem Tag die Narben meiner Zähne an ihrer Hand tragen. Wir waren zu Tieren geworden.

Wir verbrachten drei oder vier Wochen in den Zügen. Die Zustände waren fürchterlich. Irgendwann war alles Brot aufgebraucht, das wir gebunkert hatten. Der Gestank in den Waggons war unerträglich. Unrat und Kot bedeckten den Boden überall. Es gab keinerlei Privatsphäre.

Zu alldem kam noch der schreckliche Durst. Gelegentlich erhielten wir einen Eimer mit trübem Wasser, aber es war nie genug und außerdem stank es und immer schwamm undefinierbares Zeug drin herum. Wenn es draußen regnete oder schneite, streckten wir unsere Hände durch die Spalten zwischen den Latten der Seitenwände, um einige Tropfen aufzufangen und die kostbare Feuchtigkeit aufzuschlecken.

Wenn die Schienen frei waren, fuhr der Zug. Aber bisweilen standen die Züge mit ihrer menschlichen Ladung einfach nur stundenlang auf einem Nebengleis, entweder weil die Schienen zerstört waren oder weil der Zug den Befehl hatte zu warten. Wenn der Zug anhielt, ließen sie uns manchmal heraus, um uns die Beine zu vertreten oder zum Wasserlassen oder Toilettengang hinter einen Busch zu gehen. Wir waren alle bereits so geschwächt, dass die Wachen vermutlich davon ausgingen, dass es uns in unserem Zustand niemals gelingen würde davonzulaufen.

Wir waren bereits mitten in deutschem Territorium, als unser Zug schließlich sein Ziel erreichte. Sobald die Waggontüren aufgestoßen wurden, trieben uns die Wachen auf den Bahnsteig hinaus und begannen mit der Selektion der Männer. Ich blickte kurz auf und entdeckte ein Schild: Wir waren in Buchenwald gelandet.

Als sie unsere erschöpfte Truppe sichteten und alle Männer separat gestellt wurden, wussten wir, dass sie so gut wie tot waren. Ihre Reise war vorbei. Wir Übrigen wurden wieder zurück in die Züge gestoßen. Für uns gab es weder Wasser noch Essen. Wir waren so schwach, dass viele von uns ihre Notdurft verrichteten, wo sie gerade standen oder lagen. Was nutzte es schon aufzustehen? Der ganze Zug war eine einzige Kloake.

Einmal mehr hielt der Zug und die Türen öffneten sich. Der eiskalte Wind pfiff durch den geöffneten Türspalt. Wir drängten und stolperten aus den Waggons, schon fast tot auf den Beinen. Ich blickte auf und sah ein weiteres Schild. Wir waren in Bergen-Belsen.

Bergen-Belsen

Von allen Orten, an denen ich gefangen war, war Bergen-Belsen der schlimmste, obwohl wir dort nur sehr kurze Zeit blieben. Dort wurden mir Dinge angetan, die noch nicht einmal meine Schwester weiß. Ich werde sie ihr auch nie erzählen. Und auch hier werde ich nicht davon berichten.

Was ich sagen kann, ist, dass es Winter war, als wir dort ankamen. Es war der Winter 1944/45. Es war bitterkalt. Sobald wir den Zug verlassen hatten, befahlen uns die Wachen, all unsere Kleider auszuziehen und sie vor uns fallen zu lassen. Dann warfen sie jeder von uns eine grau-blaue Uniform zu. Ich versuchte, nicht über die Tatsache nachzudenken, dass eine andere Frau vor mir diese Uniform getragen hatte und was mit Sicherheit aus ihr geworden war. Vielleicht hatten auch schon viele andere vor mir diese Uniform getragen … nein, darüber durfte ich nicht nachdenken. Jetzt war es meine Uniform und ich bedeckte so schnell wie möglich meinen nackten Körper damit. Jemand warf mir einen Mantel zu oder eher einen großen Überwurf. Er war so groß, dass er auf dem Boden schleifte. Sarah riss den unteren Saum ab, den ich dann als Gürtel verwendete. Auch ihr Überwurf war sehr groß und viel zu lang für ihre kleine Gestalt. Wir konnten beide unsere Umhänge zweimal um uns herumwickeln und mit den Gürteln festzurren, die Sarah für uns gemacht hatte. Diese doppelte Lage Stoff hielt uns etwas wärmer. Unsere erste Aufgabe in Bergen-Belsen war nicht etwa in einem Fabrikgebäude, sondern draußen im Freien. Wir mussten nach Zuckerrüben graben. Die Erde war gefroren und wir mussten die Rüben mit unseren bloßen Händen ausgraben. Wir kratzen und gruben die steinharten Erdklumpen mit unseren Fingern auf, die bald schon aufgeschürft, blutig und eisig kalt waren. Es gelang mir, einige Rüben zwischen den Lagen meines Überwurfs zu verstecken. In meiner lebhaften

Fantasie verwandelten sich die Rüben in alles Erdenkliche, das ich mir gerade wünschte. Ein Bissen von der rohen Rübe war ein Stück Käse, der nächste war ein Stück gebratenes Huhn. Die Rüben waren so lecker. Als man mich erwischte, wurde ich fürchterlich geschlagen, aber sie waren es wert gewesen.

Wir erhielten gerade genug zu essen, um zu überleben, damit wir weiterarbeiten konnten. Eine Tagesration Brot bestand aus einer Scheibe von der Größe einer amerikanischen Toastbrotscheibe. Später erfuhr ich, dass bisweilen selbst dieses Brot 65 % bis 85 % Sägemehl enthielt. Dieses Stück Brot spülten wir mit einer Tasse Getreidekaffee hinunter.

Am Ende eines jeden Tages wurden alle Gefangenen auf dem Appellplatz zusammengerufen und in Reihen aufgestellt. Mehrere Gefangene wurden ausgewählt und abgeführt. Wir sahen keinen von ihnen jemals wieder. Sie verschwanden einfach. Die Öfen qualmten Tag und Nacht und erinnerten uns stets daran, dass beim nächsten Mal genauso gut wir ausgewählt werden konnten.

Uns Überlebenden waren noch ganz andere Schrecken vorbehalten. Ich zögere, diesen nächsten Teil niederzuschreiben, da mir klar ist, dass Sarah zum ersten Mal hören wird, was mir angetan wurde, wenn sie diesen Bericht liest. An einem eisigen Morgen standen wir wieder wie gewöhnlich in Fünferreihen auf dem Appellplatz aufgestellt. Da wies einer der Wachposten auf mich und holte mich aus meiner Reihe. Ich war überzeugt, dass nun mein letztes Stündlein geschlagen hatte. Nun würde man mich direkt in die Öfen schicken. Aber stattdessen wurden ich und die anderen Mädchen, die ausgewählt worden waren, zu einem verschneiten Feld geführt. Dort zogen die Wachen uns nackt aus. Sie vergruben uns bis an die Hüften in Schnee. Es war ein »Experiment«, um herauszufinden, wie lange es braucht, bis das Blut im Körper gefriert. In bestimmten Abständen kam jemand zu uns heraus, um uns Blut abzunehmen und die Temperatur zu messen. In der Zwischenzeit standen wir als kleine Gruppe im Schnee und unsere Oberkörper ragten heraus wie Kerzen im weißen Zuckerguss einer Torte. Es dauerte nicht lange, bis einige dieser »Kerzen« ausgeblasen waren. Diejenigen, die um mich herum fielen und deren Köper sich an mich lehnten wie verwelkte Blumen, schenkten mir ihre fahle Flamme der Wärme. Sie erhielten mein Leben, selbst nachdem sie das ihre aufgegeben hatten. Es kam uns wie Stunden vor, ehe unsere Aufseher ermüdeten oder aber beschlossen, das Experiment hätte nun ausreichende Ergebnisse gebracht. Andere Gefangene wurden geschickt, die diejenigen hineinbringen mussten, die noch am Leben waren. Die Toten wurden beseitigt. Ich erinnere mich nicht mehr an viel von dem, was geschah, nachdem wir in die Baracken gebracht wurden. Ich weiß nur noch, dass mein ganzer Körper taub und von gespenstisch bläulicher Farbe war. Je mehr die Taubheit wich, desto größere Schmerzen litten wir. Sonst erinnere ich mich nur noch daran, dass ich es selbst kaum fassen konnte, dass ich immer noch am Leben war.

Ich muss Sarah retten!

Zu Beginn des Jahres 1945 zerstörten die Alliierten die Kriegsmaschinerie der Nazis schneller, als es möglich war, sie wieder aufzubauen. Es gab keine Rüstungsfabriken mehr, in denen wir arbeiten konnten, und es gab auch keine Rüben mehr zum Ausgraben. Sarah und ich kamen uns reichlich nutzlos vor. Da wir in Bergen-Belsen weder gebraucht wurden noch erwünscht waren, wurden wir wieder einmal in einen Zug gepfercht und noch tiefer in deutsches Territorium hineinverschleppt. Wir hielten an einem Ort namens Burgau, einem Teil des Konzentrationslagers Dachau.

Sarah und ich versuchten, es uns auf der oberen Pritsche eines Etagenbetts bequem zu machen. Dabei bemerkte ich, dass sie noch schwächer als sonst zu sein schien und dass ihr Gesicht gerötet war. Dann entdeckte ich den Ausschlag an ihren Armen und Händen. »Sarah, leg dich hin«, sagte ich zu ihr. »Du siehst überhaupt nicht gut aus.«

Wie sich herausstellte, hatte sich Sarah mit Typhus angesteckt. Bereits Tausende waren im Laufe der Epidemie an der gefürchteten Krankheit gestorben und gerade deshalb war es so wichtig, dass sie so gesund wie möglich aussah. Aber ihr Zustand verschlimmerte sich derart, dass sie nicht einmal mehr Nahrung bei sich behalten konnte. Ich steckte ihr winzige Brotkrümel in den Mund und zwang sie zu schlucken, während ich ihr über das kastanienbraune Haar strich.

Die Wachen hatten strengste Anweisungen, alle am Fieber Erkrankten auszusondern. Als sie in unserer Baracke zur Durchsuchung auftauchten, breitete ich mein dünnes Laken über ihr aus und legte mich auf sie. Die Wachen ließen sich unsere Hände zeigen, die wir ihnen von unseren Pritschen aus entgegenstreckten, um sie nach Anzeichen für Ausschlag zu untersuchen. Ich hielt ihnen meine Hände hin und blieb bewegungslos auf meiner Schwester liegen, bis die Wachen endlich die Baracke verlassen hatten.

Für den Moment war sie in Sicherheit, aber ihr Fieber wurde immer schlimmer. Ihre Haut war glühend heiß unter meiner Hand. »Sie braucht Medizin, wahrscheinlich Aspirin«, bemerkte eine Frau in unserer Baracke. »Wo soll ich hier Medikamente herbekommen?«, protestierte ich schwach. Die Frau zuckte nur hilflos die Schultern.

Ich konnte meine Sarah doch nicht einfach sterben lassen. In dieser Nacht wartete ich, bis alle anderen eingeschlafen waren, dann tastete ich mich vorsichtig durch die Dunkelheit in den Krankentrakt vor. Die Furcht, dass meine Schwester mich verlassen würde, war am Ende größer als die Furcht, erwischt zu werden. Trotzdem dröhnte mir mein eigener Herzschlag in den Ohren. Als ich schließlich die Lazarettbaracke erreicht hatte, stellte ich überrascht fest, dass sie nicht verschlossen war. Ich atmete tief durch und schlich mich hinein. Ich erwartete, dass zumindest die Schränke abgeschlossen sein würden, aber zu meiner großen Überraschung waren auch sie offen. Ich weiß nicht, ob jemand nur vergessen hatte, sie abzuschließen, oder ob sich die Deutschen inzwischen so sicher waren, uns vollständig gebrochen zu haben, dass es für sie undenkbar war, dass wir versuchen würden, Medikamente zu stehlen. Ich schnappte mir so viele Fläschchen mit Pillen, wie ich tragen konnte. Da ich das deutsche Etikett nicht lesen konnte, eilte ich in unsere Baracke zurück und weckte die Frau, die gemeint hatte, Sarah bräuchte Aspirin. »Wird das helfen?«, fragte ich außer Atem. Sie nahm eine der Flaschen, las das Etikett und nickte.

Wir drückten Sarahs Mund auf und zwangen sie, aller paar Stunden einige Tabletten zu schlucken. Innerhalb der nächsten Tage sank ihr Fieber und sie konnte langsam wieder selbstständig essen. Was sie übrig ließ, verschlang ich. Und ich selbst wurde nicht krank! Es war das erste Mal seit vielen Monaten, dass ich Gott für irgendetwas dankte. Ich wusste, dass ich ohne meine Schwester nicht überleben würde, und so dankte ich Gott stumm, dass er sie verschont hatte, sowohl um ihretwillen als auch um meinetwillen.

Hoffen, wo es nichts zu hoffen gibt

Unter dem unaufhörlichen Beschuss der Alliierten begann das gesamte deutsche System zusammenzubrechen. Gleichzeitig nahm auch ihre Siegesgewissheit und ihr Selbstvertrauen ab. Uns war klar, dass sie selbst nicht so genau wussten, was sie mit uns Gefangenen tun sollten. Wir wurden in ein weiteres Lager verfrachtet, nach Türkheim, das ebenfalls zu Dachau gehörte. Über dem Eingang war ein großes Banner aufgespannt, das uns bereits bei unserer Ankunft mit den Worten begrüßte: *Ihr habt unseren Gott Jesus Christus getötet, jetzt töten wir euch.*

Aber wir blieben nicht lange in Türkheim. Der Vormarsch der Alliierten ging so schnell vonstatten, dass sie die deutsche Armee und Deutschland buchstäblich überrollten. Die Nazis fürchteten, auf diese Weise mit unwiderlegbaren Beweisen für Völkermord belastet zu werden. Also wurden wir erneut auf Züge verladen und in einen anderen Teil Dachaus gebracht. Anfangs wollte man uns dort überhaupt nicht hineinlassen. Für einige Bürokraten in der deutschen Verwaltung muss sich das Ganze eher als marktwirtschaftliches Problem dargestellt haben. »Wir haben zu viel von diesem Produkt; wie können wir es schnell und rationell loswerden?«

Wieder wurden wir in die Viehwagen getrieben, aber wir kamen nur bis Schwabhausen in der Nähe von München. Selbst in den Waggons konnten wir das Dröhnen der amerikanischen Bomber hören, die in geringer Höhe über uns hinwegflogen und den Zug bombardierten. Zuerst warfen sie ihre Bomben auf die Schienen vor und hinter dem Zug ab, sodass er nicht mehr von der Stelle konnte. Der Zug selbst bestand aus vielen Waggons. Einige waren mit Munition beladen. Ganz zweifellos hatten einige von uns, die in den anderen Waggons eingepfercht waren, hart dafür geschuftet. Ich konnte die Präzision der amerikanischen Flieger kaum fassen – soweit ich mich erinnere, trafen sie nur die Munitionswaggons. Der Lärm und die Explosionen ließen die Waggons erbeben, sodass einige von uns jeglichen Sinn für die Realität verloren.

Schließlich gelang es jemandem, die Waggontüren aufzustoßen, während die Explosionen rechts und links von uns weitergingen. Wie eine Horde wilder Tiere stürmten wir aus dem Waggon und rannten, so schnell wir konnten, auf die nahe gelegenen Wälder zu. Wir durchquerten den Wald und gelangten zu einer kleinen Stadt. Am Stadtrand entdeckten wir einen Schuppen, in den wir uns flüchteten. Von den Dachbalken des Schuppens hingen frisch geschlachtete Schweinehälften. Wir vergaßen alles andere, selbst, dass die Thora uns Schweinefleisch verbot, und stürzten uns auf das Fleisch. Wir nagten an den Kadavern, bis wir uns absolut vollgestopft hatten und unsere Bäuche schmerzten. Ich aß, bis mir schlecht wurde und bis heute bin ich allergisch auf Schweinefleisch und Schinken.

Später fanden uns deutsche Soldaten, als wir dort krank und erschöpft vor uns hindämmerten. Sie erschossen uns nicht, sondern führten uns ab und sperrten uns in drei Baracken, die dort auf dem Feld standen. Wir wurden hineingestoßen und die Türen hinter uns verriegelt. Wir hatten keine Ahnung, ob die Wachen vor der Tür ihren Posten bezogen oder nicht, aber wir waren ohnehin zu schwach und krank, um einen Ausbruchsversuch zu wagen.

Ich weiß nicht, wie lange wir dort blieben. Zu erschöpft, um zu weinen, hatten wir doch zu viel Angst, um davonzulaufen. So stöhnten wir nur, stützen uns gegenseitig oder lagen sogar übereinander. Ab und zu ging uns Urin ab, der über unsere Beine floss und in die deutsche Erde sickerte.

Ein paar Tage später konnten wir durch die Ritzen des Schuppens in der Entfernung einige Panzer erkennen. Später hörten wir Rufe in einer anderen Sprache. Dann öffnete sich die Tür unserer Baracke.

Wir erkannten die amerikanischen Soldaten an ihren Uniformen, aber wir konnten es kaum fassen. Sie starrten uns an, geschockt von dem Anblick, der sich ihren Augen bot. Diese großen, wohlgenährten Soldaten in voller Kampfmontur starrten uns schweigend an, unfähig, das Bild vor ihnen zu verstehen. Einigen liefen Tränen über das Gesicht. Wir verstanden ihre englischen Worte nicht, aber einige von ihnen zeigten uns ihre Davidsterne oder ihre *Mesusa*[2]-Anhänger, womit sie uns begreiflich machten, dass auch sie Juden waren. Sie gaben uns Schokolade und schlossen die jüngeren von uns in die Arme.

Als mir ein Soldat das erste Mal Schokolade anbot, drückte ich mir schnell die Hand auf den Mund und verbot auch Sarah mit einem Kopfschütteln, etwas anzunehmen. Ich fürchtete einen Trick, vielleicht Gift. Aber dann begannen die Soldaten, selbst etwas von der Schokolade zu essen, und da gab es für uns kein Halten mehr. Mir wurde schlecht – wie vielen anderen auch. Unsere Mägen waren so schwere Nahrung nicht mehr gewöhnt.

Bei einigen von uns galt unser erster Gedanke nicht unserer Freiheit, sondern der Rache. »Jetzt zahlen wir es ihnen heim!«, rief jemand und in mir stieg ein unwiderstehlicher, gewalttätiger Hass auf, der mir einen Schauer durch die Adern jagte. Ich wollte die Wachen töten, die uns geschlagen hatten, und die Leute in den Städten, die ihre Komplizen gewesen waren. Ich wollte sogar in die nahe gelegene Stadt gehen und die Kirche niederbrennen – man denke nur an all das Leid, das wir im Namen Jesu Christi durchgemacht hatten. Ich hatte die irrationale Hoffnung, wenn ich die Kirche niederbrennen würde, könnte ich Jesus ein Ende setzen und allen verhassten Dingen, die uns in seinem Namen zugefügt worden waren.

Aber würden wir wirklich in unserem Zustand in der Lage sein, uns an irgendjemand zu rächen? Wir waren doch nur geschwächte, vor Hunger fast wahnsinnige Mädchen, die es

---

[2] Kapsel, die ein mit dem *Sch'ma Israel (Höre Israel)* beschriebenes Stück Pergament beinhaltet, und normalerweise in einem jüdischen Haushalt am Türpfosten (Hebräisch »Mesusa«) angebracht wird, aber auch als kleiner Anhänger getragen werden kann (Anm. d. Verlags).

kaum fassen konnten, tatsächlich befreit worden zu sein. War es wirklich wahr? Würde es keinen Stacheldraht, keine bellende Hunde, Peitschen oder Krematorien mehr geben? Würden wir wirklich kommen und gehen dürfen, wie wir wollten?

Um ganz ehrlich zu sein, war es schwer für uns zu glauben, dass wir es überhaupt wert waren, befreit zu werden. Warum sollten sie ausgerechnet zu uns kommen? Zählte unser Leben vielleicht doch noch etwas? Scheinbar doch.

Dieser Gedanke gab mir neuen Mut. Ich sah Sarah an, nahm ihre Hand und sagte: »Sarah, es ist Zeit, nach Hause zu gehen!«

Teil 4

Heimkehr

Die Suche beginnt

Es ist mir völlig klar, dass meine Geschichte nur eine von Millionen ist, die man vom Holocaust erzählen könnte. Einige dieser Geschichten werden wir nie zu hören bekommen, weil die Männer, Frauen und Kinder, die sie erzählen könnten, nicht überlebt haben. Zu ihnen gehören meine Mutter, meine Bubbe, mein Zayde und viele andere Verwandte. Ich werde nie die ganze Wahrheit erfahren, was mit ihnen geschehen ist, was sie dachten, fühlten und erlebten, ehe sie einer nach dem anderen ermordet wurden.

Es ist schwierig, die genaue Abfolge der Geschehnisse in den Wochen und Monaten nach unserer Befreiung zu rekonstruieren. Ich erinnere mich nur noch daran, wie ich zu Sarah sagte: »Lass uns nach Hause gehen!« Als ich das nächste Mal zu mir kam, erwachte ich in einem mir völlig unbekannten Raum. Ich sah Sarahs Gesicht über mir.

»Bin ich tot? Sind wir im Himmel?«

Sarah lächelte und als sie sprach, war es der süßeste Klang, der mir je zu Ohren gekommen war. »Nein, Rose, mein liebes Schwesterchen, du bist nicht tot. Du bist im Kloster St. Cäcilia, das die Amerikaner als Krankenhaus benutzen.«

Ich sagte nichts mehr, sondern nahm nur Sarahs Hand und hielt sie fest. Ich war dankbar, so dankbar, einfach noch am Leben zu sein. Tief in meinem Herzen wusste ich, dass ich unter anderem so dankbar war, weil ich genau wusste, dass ich noch nicht zum Sterben bereit war. Ich war nicht bereit, dem Gott gegenüberzutreten, den ich geleugnet hatte, falls es ihn rein zufällig doch geben sollte. Aber darüber dachte ich damals nicht allzu viel nach. Stattdessen schlief ich ziemlich umgehend wieder ein und genoss die selige Ruhe.

Als wir in Polen zum ersten Mal ins Getto getrieben wurden, hatten wir unserem Zayde versprechen müssen, wenn das alles erst einmal vorbei wäre, wieder nach Skarzysko zurückzukommen, ganz gleichgültig, was auch geschehen mochte. Dort sollten wir uns alle an unserem Haus wiedertreffen. Es war kaum vorstellbar, dass unser Haus noch stand, aber ich erinnerte mich immer noch an die Straße und Adresse. Ich sagte sie mir immer wieder laut vor, um sie nicht zu vergessen.

Aber anfangs durften wir noch nirgendwo alleine hingehen. Die Amerikaner hatten uns eingesammelt wie verwelkte Blumen und in ein Auffanglager für Vertriebene (DP-Lager, »Displaced Persons«-Lager) gebracht. Unser Lager hieß »Feldafing«. Dort trafen wir einige unserer Cousinen und unsere Tante Dora wieder. Was für ein freudiges Wiedersehen. Aber die Jahre des Mangels, in denen wir um unser bloßes Überleben kämpfen mussten, hatten ihren Tribut gefordert und es wurde schnell deutlich, dass wir uns nie wieder so nahestehen würden wie früher. Unsere Cousine Esther nahm einige der Cousinen mit sich nach Stuttgart. Wieder einmal waren Sarah und ich uns selbst überlassen.

Endlich heilte auch meine Haut und die blauen Flecken und Wundmale, mit denen mein Körper übersät war, verschwanden. Ich legte sogar etwas an Gewicht zu. Die welken Blumen waren gegossen und gedüngt

Tante Dora, Onkel Eleg und Tante Rachel (v. li.)

worden und nun begannen sie, sich der Sonne zuzuwenden und zu öffnen.

In Feldafing wurde ich rastlos und schließlich beschloss ich aufzubrechen. Sarah ging es gesundheitlich viel besser und sie war ganz zufrieden, sich dort niederzulassen. Ich hatte keine Ahnung, wohin ich mich wenden sollte, aber ich wurde von dem Wunsch getrieben, weitere Familienmitglieder zu finden, und mich berauschte der Gedanke an wahre Freiheit, nachdem ich so lange gefangen gewesen war.

So zog ich von einem DP-Lager zum nächsten, um weitere überlebende Verwandte ausfindig zu machen. Obwohl ich immer wieder neue Enttäuschungen erlebte, zwang mich etwas, die Suche immer weiter fortzusetzen.

Auf meiner Wanderung kam ich auch nach Landsberg in ein riesiges deutsches Armeelager, das in ein besonders aktives DP-Lager umgewandelt worden war. Dort befanden sich viele Juden in einer ganz ähnlichen Lage wie ich, ohne weitere Angehörige oder ein Zuhause. Über dem ganzen Lager lag eine Atmosphäre gespannter Erwartung. Auf der einen Seite hatten alle dort Unbeschreibliches erlitten und alles verloren. Auf der anderen Seite wurden alle von der Energie zusammengeschweißt, sich für ein neues Leben und neue Wege entscheiden zu können. Man blieb bis spät nachts auf, saß zusammen, besprach die unterschiedlichen Möglichkeiten und schmiedete Pläne für die Zukunft. Ich war begeistert, auf einen solchen Ort und solche Leute gestoßen zu sein.

Einige in Landsberg planten, nach Israel auszuwandern und dort ein Kibbuz zu gründen. Ich konnte meine Vorfreude kaum bändigen. Ich wollte unbedingt mit und meinen Teil beitragen, eine Heimat für das jüdische Volk zu beanspruchen. »Ihr könnt auf mich zählen«, teilte ich einem der Organisatoren des Planes mit. Er setzte meinen Namen auf die Liste.

Wie gewonnen, so zerronnen

Ich kehrte nach Feldafing zurück, um Sarah abzuholen, und brachte sie ebenfalls nach Landsberg. Wir bezogen ein Zimmer im oberen Stockwerk eines der Gebäude und ich nahm weiter an den nächtlichen Diskussionen teil, wo wir Pläne für Israel schmiedeten. Sarah blieb für gewöhnlich lieber auf unserem Zimmer. Sie war schüchtern und verbrachte viel Zeit damit, aus dem Fenster ins Leere zu starren. Aber ich ließ sie in Ruhe. Jede von uns musste mit dem Schmerz unserer Erfahrungen selbst fertig werden.

Eines Tages lernte Sarah Sam kennen, einen ausgesprochen gut aussehenden jungen Mann, der im Stockwerk unter uns lebte. Mit einem Mal verwandelte sich meine stille und normalerweise so furchtsame Schwester in einen regelrechten Clown. Ich kann es ihr noch nicht einmal übel nehmen. Was wussten wir schon von Beziehungen oder Liebeswerben, so ganz ohne Familie oder Gemeinschaft, die uns in solchen Dingen ein Vorbild hätte sein können?

Um einen Vorwand zu haben, Sam zu sehen, drehte Sarah den Haupthahn zur Wasserleitung auf unserem Stockwerk zu, so-dass weder Waschbecken und Duschen noch Toiletten funktionierten. Dann rannte meine verliebte Schwester mit zwei riesigen Eimern ins zweite Stockwerk hinunter, um Wasser zu holen. Da-bei führte ihr Weg an Sams Zimmer vorbei, wo er bisweilen in den Gang hinaus trat. Es kam öfters vor, dass sie die Eimer füllte und nach oben trug, wo sie das Wasser »zufällig« verschüttete. Also musste sie wieder in das andere Stockwerk zurückkehren, stets in der Hoffnung, einen zweiten Blick auf Sam zu erhaschen. In der Zwischenzeit war das ganze obere Stockwerk ohne Wasser. Das Ganze wäre höchst ärgerlich gewesen, wenn wir dadurch nicht in den wunderbaren Genuss gekommen wären, wieder einmal über etwas lachen zu können.

Wir anderen saßen alle lachend auf der Treppe, während Sarah die Wassereimer anschleppte.

Aber schließlich gelang es Sam und Sarah, über ihre anfängliche Unbeholfenheit hinwegzukommen, und er hielt um ihre Hand an. Ihre Hochzeit war wie aus »Anatevka«. Was für eine Freude! Sarah umkreiste Sam der Tradition gemäß sieben Mal. Sie legten ihr Ehegelübde unter der *Chuppa*, dem traditionellen jüdischen Hochzeitsbaldachin, ab. Sam zertrat mit der Ferse ein Glas, so wie es Brauch ist, und alle schienen rundum glücklich zu sein.

Es dauerte nicht einmal ein Jahr und sie hatten eine Tochter namens Miriam. Sie war das hübscheste Baby, das ich jemals gesehen hatte. Für viele von uns stand sie für die erste reine Hoffnung und für das Leben, dem es gelungen war, sich aus der Asche dessen hervorzuarbeiten, was wir erduldet hatten. Ich himmelte sie an. »Du bist dir darüber im Klaren, dass ich sie grenzenlos verwöhnen werde?«, bemerkte ich zu Sarah.

»Rose, lass das lieber. Sie wird auch Erziehung brauchen.« Aber ich wollte nichts davon hören. Meiner Meinung nach sollten jüdische Kinder nie wieder auch nur einen Klaps oder sonstige Strafen erhalten.

Ich selbst zog bei den Leuten ein, die das Kibbuz gründen wollten. Inzwischen hatte ich auch einen Freund, der ebenfalls plante, nach Israel auszuwandern. Wir waren absolut begeistert, als wir endlich den Befehl erhielten, uns zur Abreise bereit zu machen.

Sarah lud mich zu sich nach Hause zu einem Abschiedsessen mit Sam und Miriam ein. Es war meine letzte Chance, vor meiner Abreise noch etwas Zeit mit ihnen zu verbringen. Letzten Endes überredete sie mich sogar, meinen Besuch auf fast drei Tage auszudehnen.

Als ich schließlich in die Räume zurückkehrte, in denen die Kibbuz-Leute lebten, waren sie leer. Alle waren weg. Sie waren ohne mich nach Israel abgereist. So war es damals an diesen Orten. Sobald man eine Erlaubnis oder einen Pass erhielt, packte man seine wenigen Habseligkeiten in eine abgenutzte alte Tasche, verabschiedete sich von Einzelnen und verschwand in eine neue Welt.

Vielleicht hatte ich niemandem Bescheid gesagt, dass ich Sarah besuchen wollte. In Landsberg herrschte ein solches Kommen und Gehen, es war so wenig ein »Zuhause« und es gab so wenig Familienzugehörigkeit, dass die Menschen einfach so verschwanden. Man ergriff seine Chance und die Zurückbleibenden wünschten einem Glück für die Reise.

So kam es dann also, dass ich verloren dastand und in die leeren Zimmer starrte. Ich war zutiefst enttäuscht und ganz allein.

Und zornig. Mein Zorn brauchte irgendein Ventil, irgendjemanden, der dafür büßen musste, dass meine Pläne so zunichtegemacht worden waren. Völlig irrationalerweise war dieser »Irgendjemand« Sarah.

»Wenn Sarah mich nicht eingeladen hätte… wenn ich nur nicht so lange geblieben wäre…« In meinen Augen hatte mir Sarah alles verdorben. Sarah, die sich mit ihrem Ehemann und Kind in ihrem Glück sonnte, war schuld an meinem Unglück. Aber noch viel irrationaler war die Art, wie ich es ihr »heimzahlen« wollte.

In der Nähe wohnte ein Mann namens Leon, der mich ständig bedrängte, ihn zu heiraten. Bis zu diesem Zeitpunkt hatte ich immer nur darüber gelacht. Er war einiges älter als ich und ich war wirklich noch zu jung und unerfahren, um überhaupt über Ehe nachzudenken.

Sarah mochte Leon nicht und ich wusste, es würde sie maßlos wütend machen, wenn ich mich mit ihm einlassen würde. Also war es mir ein besonderes Vergnügen, ihr mitzuteilen, dass ich seinen Antrag angenommen hatte.

»Rose, bitte«, schrie sie mich beinahe an. »Du kannst ihn nicht heiraten!«

»Für wen hältst du dich eigentlich, dass du mir sagen willst, was ich zu tun und lassen habe?«, giftete ich zurück. »Du bist nicht meine Mutter!« Ich wusste, diese Bemerkungen würden sie zutiefst kränken. Doch ich war so frustriert von ihr und ihrem perfekten Ehemann mit ihrem perfekten Kind, aber am meisten von der Tatsache, dass sie dachte, nur weil sie das alles hatte, hätte sie das Recht, mich herumzukommandieren. »Schließlich war ich es, die sich um dich gekümmert hat!«, wollte ich ihr eigentlich noch entgegenschleudern, doch dann hielt ich mich gerade noch zurück. Aber je mehr sie versuchte, mich von diesem fixen Gedanken abzubringen, desto heftiger wehrte ich mich.

Die Hochzeit fand im Haus meiner Tante statt. Sarah und eine meiner Cousinen begleiteten mich unter die Chuppa. Sogar an meinem Hochzeitstag zog Sarah mich noch kurz vor der Trauung beiseite und flehte mich an, das Ganze abzubrechen, bevor es zu spät war. Aber ich ignorierte sie stur.

Nach der Hochzeit kehrten wir nach Landsberg in Leons Wohnung zurück. Als er in der ersten Nacht zu mir ins Bett kam, rannte ich aus dem Zimmer.

»Was machst du da?«, schrie ich.

Er versuchte, mir zu erklären, dass verheiratete Ehepaare normalerweise im gleichen Bett schliefen. Aber ich bestand darauf, dass ich auf keinen Fall mein Bett mit einem Mann teilen wollte.

Ich hatte ja keine Ahnung, was in der Ehe von mir erwartet wurde. Ich wusste nichts über Sex. Wie sollte ich auch? Ich hatte ja noch nicht einmal meine Periode. Die Jahre der sadistischen und rücksichtslosen Gewalt hatten mir die vorsichtige und liebevolle Heranführung an mein Frausein geraubt, die ich sonst durch die Frauen meiner Familie erhalten hätte.

Da ich nicht wusste, was ich tun sollte, lief ich zu Sarah. Als sie mir dann erklärte, dass es die Pflicht einer Ehefrau war – die in der

Thora ausdrücklich erwähnt wurde – mit ihrem Mann zu schlafen, dachte ich nur: »Sie ist wirklich zu meiner Feindin geworden! Wie kann sie mir nur sagen, dass ich so etwas tun soll?«

Leon fand mich in Sarahs Wohnung und da ich nicht länger bei ihr bleiben wollte, folgte ich ihm nach Hause. Ich war verwirrt und deprimiert. Schließlich gab ich seinen sexuellen Annäherungsversuchen nach. Ich war so naiv und unerfahren, dass es mir noch nicht einmal klar war, was eigentlich geschah, als wir dann miteinander schliefen.

Eines Tages, als ich gerade in einer Schlange anstand, um Kinokarten zu besorgen, bekam ich plötzlich fürchterliche Bauchkrämpfe. Ich suchte die nächste Toilette auf. Beim Blick in die Schüssel bemerkte ich Blut. Ich dachte, ich hätte mich irgendwo geschnitten, und machte mich sauber, ehe ich zu meiner Schwester ging. Sie erklärte mir dann, dass ich meine Periode bekommen hatte.

Bald danach wurde ich schwanger und gebar einen wunderschönen Sohn. Ich umsorgte meinen Erstgeborenen, wie eine Löwin ihr Junges behütet. Meine Liebe zu ihm sprengte alle meine bisherigen Vorstellungen von Liebe. Das überwältigende Gefühl von Erfüllung kann ich nicht mit Worten erklären. Zum allerersten Mal in meinem Leben hatte ich etwas, das nur mir gehörte. Ich nannte ihn Meyer, nach meinem Vater, und wenn ich ihn in den Armen hielt, war es mir irgendwie beinahe so, als wäre mein Vater wieder bei mir.

Die Freude über mein Kind wurde nur durch Sarahs Ankündigung getrübt, dass sie, Sam und Miriam nach Israel auswandern würden. Ich verspürte gleichzeitig Trauer bei dem Gedanken, dass sie mich buchstäblich allein zurückließen mit niemand sonst außer meinem Sohn, einem Mann, den ich nicht liebte, und Neid darüber, dass sie nun in das Land reisen sollte, das für mich die Erfüllung so vieler Träume bedeutete. Ich hatte für eine jüdische Heimstatt kämpfen wollen – ich hatte an all dem Ruhm und all der Trübsal beteiligt sein wollen, die meinem Volk noch bestimmt waren.

»Können wir nicht auch gehen?«, fragte ich Leon. Aber wie sich herausstellte, hatte er ganz andere Pläne. Er beschloss, dass wir nach Amerika auswandern würden. Dabei fragte er mich kein einziges Mal, ob ich ebenfalls dorthin wollte. »Warum Amerika?«, wollte ich wissen.

»Dort können wir uns scheiden lassen«, war seine Antwort. Ich hatte keine Ahnung von solchen Dingen. Ich wusste nur, dass wir als Juden in Deutschland keine Scheidung einreichen konnten. Unsere Beziehung war sehr schnell zerfallen und wir waren bald nur noch dem Namen nach Mann und Frau. Ich fühlte nichts für Leon. Letzten Endes blieb mir gar keine andere Wahl, als ihn nach Amerika zu begleiten. Ich hatte keine Familienangehörigen mehr, die mir hätten abraten können. Und so packten wir unseren wenigen Besitz zusammen und zogen los. Ehe ich mich versah, befanden wir uns alle drei an Bord eines Schiffes mit dem Ziel New York.

Wiedersehen der überlebenden Cousins und ihrer Ehepartner

Ein neues Land

Am 4. Mai 1950 legte unser Dampfer in New York an, wo wir abgefertigt und dann nach Philadelphia verfrachtet wurden. Es stellte sich heraus, dass Leon Angehörige dort hatte, eine Tatsache, von der er mir bislang nichts erzählt hatte. Als ich sie das erste Mal traf, waren sie mir gegenüber äußerst zurückhaltend. Da ich kein Englisch sprach, konnte ich überhaupt nicht mit ihnen kommunizieren, und ich hatte auch keine Ahnung, was Leon ihnen über mich erzählt hatte. Aber sie schienen eine nette jüdische Familie zu sein und obwohl ich eine Fremde war, dachte ich, ich könnte ihnen vertrauen.

Leon reichte beinahe sofort die Scheidung ein und zog aus der gemeinsamen Wohnung aus, die uns zugeteilt worden war. Im ersten Monat mussten wir noch keine Miete zahlen, aber danach brauchte ich dringend eine Arbeit.

Leon erklärte mir, dass sich seine Familie um mein Baby kümmern konnte, bis ich Arbeit gefunden und Englisch gelernt hatte, also insgesamt »amerikanisiert« war. Und so nahmen sie Meyer bei sich auf. Ich wusste nicht, was ich sonst hätte tun sollen. Wie sollte ich meinen Sohn versorgen, wenn ich kein Geld hatte? Ich würde mir schnell eine Stelle suchen und ihn dann wieder zu mir holen.

Aber als ich mein Baby besuchen wollte, machte mir Leons Familie das Leben sehr schwer. Sie ließen mich keinen Augenblick allein mit ihm. Ich durfte nicht mit ihm spazieren gehen oder mich auch nur frei in ihrem Haus bewegen, solange ich mein Kind auf dem Arm hatte.

Eines Tages hatte ich genug davon. Ich schnappte meinen Sohn und rannte in meine Wohnung zurück. Jemand aus der Nachbarschaft, der sich meiner angenommen hatte, hatte mir von einer jüdischen Organisation erzählt, die mir vielleicht helfen konnte. Sie würden meinen Sohn in eine Pflegefamilie vermitteln, damit ich arbeiten gehen und ihnen Geld geben konnte wie bei einem Babysitter. Mir gefiel dieser Gedanke. Ich würde mehr Zeit mit meinem Sohn haben und gleichzeitig mehr Herrin meines eigenen Lebens sein. Diese Pläne gaben mir neue Hoffnung.

Aber sobald Leon davon hörte, was ich getan hatte, zog er vor Gericht. Dort erfuhr ich auch, dass er bereits Pläne hatte, sofort wieder zu heiraten, sobald unsere Scheidung rechtsgültig geworden war. Seine Familie hatte das für ihn arrangiert.

Vor Gericht verstand ich kein Wort von dem, was gesagt wurde. Ich hatte weder einen Übersetzer noch einen Anwalt. Heutzutage wäre das eine untragbare, wenn nicht sogar eine unzulässige rechtliche Situation. Damals fiel mir nichts Ungewöhnliches daran auf. Was wusste ich schon von einem Rechtsstaat? Die einzige Möglichkeit, die ich hatte, etwas über die Vorgänge in Erfahrung zu bringen, war über Leon. Ich konnte nur vermuten, dass er zum Besten unseres Kindes handelte.

Es gab nur einen kurzen Prozess. Der Richter sah mich an, eine Frau, die allein lebte und die ganze Nacht in einem Restaurant arbeitete, wo es mir endlich gelungen war, eine Stelle als Köchin und Putzfrau zu finden – mir war alles recht, solange ich die Miete bezahlen konnte. Dann sah er Leon und seine neue Frau an. Sie hatte ein Haus; in den Augen des Gerichts bedeutete Grundbesitz gleichzeitig Stabilität.

Das Gericht sprach Leon das Sorgerecht für Meyer zu, einfach so. Als der Richter zur Urteilsverkündung mit einem Hammer auf den Tisch schlug, erklärte mir jemand, dass Meyer von nun an bei Leon leben würde. Ich glaube, ich wurde einen Moment ohnmächtig und dann brach ich in hysterische Tränen aus und musste aus dem Gerichtssaal geführt werden.

Ich hatte das Gefühl, als wäre mir bei lebendigem Leib das Herz herausgerissen worden. Verzweiflung füllte das Loch, das er in meinem Leben hinterlassen hatte. Ich dachte, ich würde sterben. Wenn ich in diesem Moment eine Pistole gehabt hätte, hätte ich zuerst Leon und dann mich selbst erschossen. Ich hasste ihn für das, was er mir angetan hatte, wie er mich benutzt hatte.

Irgendwann später bekannte Leon mir, dass er mit dieser Frau bereits verlobt gewesen war, als wir noch in Deutschland waren. Ich war wie vor den Kopf gestoßen.

»Warum um alles in der Welt hast du mich dann geheiratet?«, schleuderte ich ihm entgegen.

»Ich musste erst einmal nach Amerika kommen. Ich wusste, dass meine Chancen auf eine Einreisegenehmigung als Verheirateter besser standen.«

Im ersten Moment verschlug es mir die Sprache. Dann stieß ich hervor: »Und wie konntest du mir einfach so mein Kind wegnehmen? Ich bedeute dir überhaupt nichts. Du bist ein Monster!«

Er sah mich nur an und meinte ruhig: »Er ist der einzige Sohn, den ich jemals haben werde.« Erst dann erfuhr ich, dass seine Frau keine eigenen Kinder bekommen konnte.

Ich durfte Meyer bei ihnen zu Hause besuchen. Damals sah ich stets mit einer Verachtung auf Leons neue Frau herab, derer ich mich heute schäme. Sie und Leon hatten mir das einzige gestohlen, das mir auf dieser Welt etwas bedeutete. Einige Monate später zogen sie von Philadelphia irgendwohin nach New Jersey. Wenn es zuvor schon schwierig gewesen war, meinen Sohn zu sehen, sah ich ihn jetzt nach ihrem Umzug überhaupt nicht mehr. Mein Schmerz über Meyers Verlust kam dem gleich, was ich in den Konzentrationslagern durchgemacht hatte. Es war kaum zu ertragen.

Ich gab die Wohnung auf, die ich für so kurze Zeit mit Leon geteilt hatte, und mietete mir stattdessen ein Zimmer im Haus einer Familie, die im westlichen Teil von Philadelphia im

Stadtteil Strawberry Mansion wohnte. Die Miete war niedriger und die Leute dort waren nett zu mir. Die Gegend gefiel mir. Es war ein Stadtviertel, wo die Kinder nach der Schule vor dem Süß- und Tabakwarenladen stehen blieben und mit leuchtenden Augen die bunten Auslagen hinter der Glastheke begutachteten, ihre Pennies fest in den kleinen Fäusten. Ganz in der Nähe waren zwei Bäckereien, darunter eine, die frisches Challa-Brot verkaufte. Dazu gab es noch zwei Metzgereien und einen Gemüseladen. Zu den Bekleidungs- und Schuhgeschäften sowie den Haushaltswarenläden war es nicht weit. Es gab Bushaltestellen, Straßenbahnen und Hochbahnen, mit denen ich in die Innenstadt fahren konnte.

Um meine Einsamkeit zu überwinden, begann ich, die Stadt näher zu erkunden. Für mich war die Innenstadt von Philadelphia ein Ort voller Zauber und Wunder. Ich liebte es, die Chestnut und Walnut Street entlangzuschlendern. Mit all ihren Lichtern, hohen Gebäuden, eleganten Geschäften und Theatern, mit ihren Clubs und Restaurants verschmolz alles zu einem glänzenden Kelch, aus dem zu trinken ich nie zuvor Gelegenheit gehabt hatte.

Ich fand eine Stelle, die näher an meinem neuen Wohnort lag: in einem kleinen Restaurant, in dem ich servierte und in der Küche mitarbeitete. An einem frostigen Wintertag kam ein gut aussehender Mann herein. Ich hatte erst kurz zuvor Gefallen an Kinofilmen gefunden und so kam es mir vor, als sähe dieser neue Kunde aus wie eine Mischung aus James Cagney und Edward G. Robinson. Er nahm sich die Speisekarte und tat so, als studierte er sie, während mir aber vollkommen klar war, dass er vielmehr mich »studierte«, wie wir in Skarzysko dazu gesagt hätten. Als er schließlich sagte: »Ja, das muss ich probieren«, wusste ich nicht, ob er damit das Essen oder mich meinte.

Er bestellte ein Steak und gab an, wie er es gebraten haben wollte. Nachdem ich es zubereitet hatte, stellte ich den Teller vor ihn hin. Er lächelte mich an und nahm Messer und Gabel zur Hand. Bei jedem Bissen wiederholte er: »Oi! Das ist wirklich das beste Steak, das ich je gegessen habe.«

Mein Boss setzte sich neben ihn an den Tresen und meinte: »Also Charlie, so wie dir dieses Steak schmeckt, ist es aber mindestens fünf Dollar Trinkgeld wert.« Charlie lächelte, griff in seine Tasche, holte eine Fünf-Dollar-Note heraus und legte sie auf den Tresen. Ohne mit der Wimper zu zucken, streckte ich die Hand aus und nahm das Geld an mich. Damals waren fünf Dollar ein kleines Vermögen!

Charlie kehrte am nächsten Tag in das Restaurant zurück und auch am folgenden und am Tag danach. Einige Wochen nach seinem ersten Besuch kam er kurz vor Geschäftsschluss und sah noch sorgfältiger gekleidet (und nervöser) als sonst aus. Seine Hosen hatten eine messerscharfe Bügelfalte und sein weißes Hemd war so gestärkt, dass es auch alleine gestanden wäre. Er suchte sich keinen Platz, sondern sah mich nur einen Augenblick an, ehe er fragte: »Rose, würden Sie mit mir essen gehen?«

Mir gefiel seine Einladung, aber da ich ihn noch etwas zappeln lassen wollte, entgegnete ich: »Tut mir Leid, Charlie, aber ich habe schon eine andere Verabredung.« Ich war bereits umgezogen, da ich nach der Arbeit in der Stadt ausgehen wollte, und so trug ich ein ausgeschnittenes, schwarzes Cocktail-Kleid und zehenfreie, modische, hochhackige französische Schuhe aus durchsichtigem Plastik. Ich hatte mich nach bestem Vermögen schick gemacht.

Als ich die andere Verabredung erwähnte, nickte Charlie nur. Das Schweigen zwischen uns war so tief wie die Schneeflocken, die draußen lautlos zu Boden schwebten. Aber das Knistern, das in der Luft lag, stand in krassem Gegensatz zur Stille der Nacht.

Charlie sah zum Fenster. »Da draußen kommt ja echt was runter.«

Ich nickte und sah mir die zehn Zentimeter Neuschnee an, die sich bereits auf dem Gehsteig angesammelt hatten. Ich räusperte mich. »Nun«, setzte ich an, »ich sollte wirklich aufbrechen. Würde es Ihnen etwas ausmachen, mich zur nächsten U-Bahn-Station mitzunehmen?«

»Kein Problem«, antwortete er.

Meine Zehen kribbelten, als wir durch den Schnee zu seinem Auto gingen. Aber als wir einstiegen, weigerte sich sein Auto anzuspringen. »Oh nein!«, rief Charlie. »Ich habe vergessen, das – wie heißt es doch gleich – das Winterzeug reinzutun.«

»Das Winterzeug?«

»Ja, das … das … Frostschutzmittel«, meinte er und schnippte dabei mit den Fingern, als ihm das passende Wort einfiel.

»Frostschutzmittel«, wiederholte ich.

»Hören Sie«, redete er auf mich ein, »ich kann einen Freund bitten, uns zur U-Bahn-Station zu fahren und Sie dann zu Ihrer großen Verabredung bringen. Oder wenn Sie hungrig sind, können wir auch an einem Restaurant anhalten, etwas essen und abwarten, bis das Wetter besser wird. Wenn Sie dann immer noch wollen, kann ich Sie ja danach zur U-Bahn bringen.«

An diesem Abend kam ich nicht mehr in die Stadt. Der Schnee fiel in immer dickeren Flocken, als Charlie und ich uns in der Nähe meiner Wohnung in ein kleines, gemütliches Restaurant zum Essen setzten. Wir waren die einzigen Gäste an diesem Abend. Als wir uns mit unserem Kaffee und Nachtisch Zeit ließen, trat der Restaurantbesitzer an unseren Tisch. »Kennt sich jemand von Ihnen mit Restaurants aus?«

»Ich arbeite in einem«, gab ich zurück.

»Gut«, meinte er. »Das Wetter ist so scheußlich, dass ich mich hinten zu einem Nickerchen hinlegen werde. Wenn durch irgendein Wunder doch noch andere Gäste kommen sollten, sagen Sie mir einfach Bescheid. Sonst können Sie einfach nachher die Tür hinter sich zuziehen. Das Essen kostet heute Abend nichts.« Mit diesen Worten verschwand er in einem der hinteren Nebenräume des Restaurants.

Charlie und ich saßen uns an unserem Tisch gegenüber und wir redeten die ganze Nacht. Von Zeit zu Zeit stand ich auf, um noch etwas Kaffee zu machen und unsere Tassen aufzufüllen. Als ich dort mit ihm am Tisch saß, war es für mich das erste Mal, dass ich mich wirklich als Frau fühlte. Ich konnte mit ihm über Dinge sprechen, die ich noch nie zuvor einem Mann erzählt hatte – über die Dinge, die mir passiert waren. Ich erzählte nicht allzu viele Einzelheiten über die Jahre in den Konzentrationslagern, aber er war selbst in der Armee gewesen und konnte sich viel von dem denken, das ich in meiner Erzählung ausgelassen hatte. Ich hatte befürchtet, dass meine Vergangenheit ihn vielleicht erschrecken würde, aber in seinen Augen lag eine Ernsthaftigkeit, die mir das Gefühl gab, ihm vertrauen zu können. Und so schüttete ich ihm mein Herz aus.

Es tat so gut, nach all dieser Zeit endlich wieder jemandem vertrauen zu können. Während draußen die Dämmerung immer heller wurde und schließlich die ersten Sonnenstrahlen den Schnee zum Funkeln brachten, wusste ich endlich mit der gleichen Gewissheit, wie nach der Nacht die Dämmerung anbricht, dass ich den Rest meines Lebens mit Charlie verbringen würde.

Eine neue Familie

»Rose, wo haben Sie gesteckt?« Die Stimme meiner Vermieterin erschreckte mich, als ich versuchte, mich nach der Nacht mit Charlie im Restaurant so leise wie möglich ins Haus zu schleichen. »Ich habe mir solche Sorgen gemacht«, fuhr sie fort. »Bei dem Schneesturm draußen …«

»Es geht mir gut«, versicherte ich ihr. Mein Gesichtsausdruck muss ihr verraten haben, dass »gut« eine maßlose Untertreibung war. Ich summte leise vor mich hin, als ich den Gang entlang zu meinem Zimmer ging. Sie kam mir nachgelaufen. »Aber Sie haben doch nicht…«

»Ich habe nicht was?«, fragte ich erschrocken.

»Rose, Sie haben doch nicht etwa letzte Nacht geheiratet?«

»Wovon reden Sie überhaupt?«, stammelte ich entgeistert.

»Nun, warum sollten Sie sonst den Hochzeitsmarsch vor sich hin summen?«, hielt sie mir vor.

»Habe ich das?«, fragte ich erstaunt und konnte spüren, wie mir das Blut in die Wangen stieg.

»Ja, das haben Sie getan! Und da habe ich mir gedacht: ›Jetzt hat sie doch glatt letzte Nacht geheiratet!‹«

Ich lächelte: »Ich habe nicht geheiratet, Ruth.« Zufrieden, dass ihre Vermutungen unbegründet gewesen waren, machte sie kehrt und ließ mich in Ruhe. Ich fiel auf mein Bett und in einen tiefen, glücklichen Schlaf.

»Rose?« Ich hörte das Klopfen an meiner Tür und die Stimme meiner Vermieterin auf der anderen Seite. »Ja?«, fragte ich verschlafen und sah mich um, um herauszufinden, wie lange ich geschlafen hatte. Wenn es nach dem Licht draußen vor dem Fenster ging, waren es mindestens einige Stunden gewesen. Ich wälzte mich von meinem Bett und ging zur Tür. »Was gibt's denn?«

»In der Küche steht etwas, das Sie sehen sollten.«

Ich folgte ihr und mein Blick fiel sofort auf eine große Tüte voller Plundergebäck und Bagels. Neben der Tüte lag eine Blume mit einer kleinen Karte und der Aufschrift »Rose«.

Meine Vermieterin betrachtete belustigt meinen erfreuten Gesichtsausdruck. »Das lag auf der Treppe, als ich die Zeitung holen wollte«, erklärte sie. »Nun, Rose, gibt es da vielleicht etwas, das Sie mir sagen möchten?«

Wir setzten uns, um die süßen Stückchen zusammen mit einer Tasse heißen Kaffees zu genießen, und dann beantwortete ich all ihre neugierigen Fragen so diskret wie möglich. Als das Telefon klingelte, wäre ich beinahe aufgesprungen, um abzunehmen, aber dann beschloss ich, meine Vermieterin den Anruf entgegennehmen zu lassen. Wie ich erwartet hatte, war Charlie am Apparat.

»Es hat aufgehört zu schneien. Ich hole dich ab«, sagte er mit großer Bestimmtheit.

Wir machten dort weiter, wo wir in der Nacht zuvor aufgehört hatten und verbrachten die ganze Nacht in einem kleinen Restaurant, wo wir uns unterhielten. Es war ein einfacher, aber irgendwie verzauberter Abend – die Art von Abend, wenn das Gewöhnliche außergewöhnlich wird und die einfachsten Dinge ungeheure Bedeutung erhalten. In solchen Momenten sind Worte nicht immer wirklich nötig und alles scheint in dem geheimnisvollen Glanz der frisch geborenen Liebe zu erstrahlen.

Am folgenden Wochenende lud Charlie mich nach Brooklyn ein, wo ich seine Eltern kennenlernen sollte. Auf der Fahrt dorthin sang er mir mit seiner tiefen, kräftigen Stimme Liebeslieder vor. Als wir im Haus seiner Eltern angekommen waren, sah ich mich genau um und versuchte, etwas mehr über Charlies Herkunft zu erfahren, wovon ich mir entweder eine Bestätigung oder eine Warnung erhoffte. Aber das ganze Haus schien gemütlich und normal zu sein.

Als Charlie mich seinen Eltern vorstellte, fragte ihn sein Vater auf Jiddisch: »Charlie, ist das die von vor zwei Wochen?«

Ohne zu zögern antwortete ich an seiner Stelle: »*Nein*!« Somit war ihnen klar, dass ich Jiddisch verstand, und sie lachten. Unsere enge Beziehung stand von diesem Augenblick an fest.

Schon bald darauf brannten wir durch, heirateten heimlich und fanden unser Heim am Ende einer Straße mit Reihenhäusern. Jedes Häuschen hatte einen kleinen Vorgarten und einen etwas größeren Garten hinter dem Haus. Unsere Nachbarn waren größtenteils Juden, obwohl die meisten Anwohner inzwischen sehr »amerikanisiert« waren.

Ich begann ein neues Leben mit einem Mann, der sehr sanft, freundlich und liebevoll war. Er gab mir stets das Gefühl, dass ihm nichts Besseres hatte passieren können, als mich zur Frau zu bekommen. Am meisten liebte ich seinen Sinn für Humor. Er brachte mich immer zum Lachen. Selbst wenn wir uns gerade heftig stritten, riss er irgendeinen Witz und glättete so die Wogen. Er liebte es, Witze zu erzählen. Aber leider lachte er häufig so sehr über seine eigenen Witze, dass er überhaupt nicht bis zur Pointe kam, was das Ganze für uns andere ziemlich frustrierend machte. Auf der anderen Seite war sein Lachen derart ansteckend, dass wir gar nicht anders konnten, als mit ihm zu lachen.

Nicht, dass wir nun niemals mehr irgendwelche Probleme gehabt hätten. So wollte ich zum Beispiel, durch meine Erziehung bedingt, gerne einen koscheren Haushalt führen. Aber Charlie, der überhaupt nicht religiös war, sah überhaupt keinen Grund, verschiedenes Geschirr für verschiedene Gerichte zu haben. Er tat sein Bestes, um sich daran zu gewöhnen, aber letzten Endes zerbrach er so viele Teller beim Abwaschen oder Stapeln, dass ich es schließlich aufgab. Ich konnte nicht immer wieder neue Teller nachkaufen, sodass ich ihm zu guter Letzt seinen Willen ließ. Und außerdem wollte ich nur um der Tradition willen unser Heim koscher halten und nicht, weil ich irgendwie Gott geliebt hätte.

Das Beste war, dass Charlie darauf bestand zu versuchen, meinen Sohn Meyer zu finden. Damals war es nicht so leicht, Menschen aufzuspüren, wie es heute ist. Ich wusste lediglich, dass Leon nach New Jersey gezogen war. Ich hatte weder eine Adresse noch eine Telefonnummer. Wir wälzten unzählige Telefonbücher, aber wir fanden nie einen passenden Eintrag. Jedes Mal, wenn wir den Delaware River nach New Jersey überquerten, hielten wir in weiteren Städten oder Dörfern an, in denen wir noch nicht gesucht hatten. Aber wir hatten kein Glück. Leon hatte kein Verbrechen verübt, also konnten wir auch nicht zur Polizei gehen. Als immer mehr Zeit verging und wir ihn immer noch nicht gefunden hatten, verloren wir langsam die Hoffnung, dass ich jemals wieder mit meinem Sohn vereint werden würde.

Charlie und ich bekamen selbst drei wunderbare Kinder. Zuerst kam unser Sohn Norman, dann Miriam, die wir liebevoll Cookie nannten, und dann Candie. Sie wurde drei Monate zu früh geboren, und mehrere Jahre lang konnte niemand mit Sicherheit sagen, ob sie überleben würde. Ich ging mit ihr immer sanfter um als mit den anderen beiden, die mir dafür auch viel mehr *Tzuris* (Sorgen) bereiteten. So erzählten zum Beispiel Norman und Miriam Candie, als sie noch klein war, sie wäre adoptiert worden. Davon hatte ich natürlich keine Ahnung. Sie erzählten ihr auch, wenn sie mich jemals danach fragen

Mein Ehemann Charlie und ich bei Candies Bat Mitzva 1967

Meine Schwester Sarah, ihr Sohn Harvey, Tochter Mary (Miriam) und Ehemann Sam bei Harveys Bar-Mizwa (v. li.).

sollte, würde ich sie zurück ins Kinderheim schicken. Vielleicht war sie deshalb immer so brav. Als sie schließlich herausfand, dass alles erlogen war, dauerte es auf jeden Fall Jahre, bis sie ihnen vergeben hatte.

Aber abgesehen von dieser Art von Streitigkeiten verbrachten unsere Kinder eine recht unkomplizierte Kindheit. Sie besuchten alle die öffentlichen Schulen. Als sie das richtige Alter erreicht hatten, schickten wir sie noch in die Hebräischschule, und wir feierten ihre *Bar-* und *Bat-Mitzwa*.[3] Wir wohnten direkt gegenüber von unserer Synagoge, sodass alles ganz praktisch gelegen war.

Ich selbst war recht beschäftigt in der Synagoge und mit anderen jüdischen Aktivitäten. Wir hielten alle Feste ein und ich arbeitete unermüdlich für jede jüdische Organisation, die mich haben wollte und die mir gefiel. Eines Tages wurde ich sogar Vorsitzende unserer Synagoge. Aber bei all dem hatte ich nie wirklich Zeit für Gott. Und ich verspürte nun wirklich keinerlei Liebe oder Zuneigung zu ihm. Ich liebte es, mit Menschen meines Volkes zusammen zu sein und für jüdische Anliegen zu arbeiten, aber in meinen Augen jedenfalls hätte ein liebender Gott niemals den Schmerz und das Elend zugelassen, die ich und meine Familie und Millionen anderer Menschen

---

[3] Durch die Bar-Mizwa (aramäisch »Sohn des Gebots«) wird der jüdische Junge und durch die Bat-Mizwa (»Tochter des Gebots«) das jüdische Mädchen in die jüdische Glaubensgemeinschaft eingeführt (Anm. d. Verlags).

hatten erdulden müssen. »Wie kann ein liebender Gott so viele von uns derart leiden lassen?«, war meine ständige Frage. Es gab nie eine Antwort, die so befriedigend gewesen wäre, dass ich jemals wieder hätte an Gott glauben wollen.

Verrat

Als Cookie alt genug war, schickte ich sie bisweilen nach draußen, um Schnee zu räumen. Sie musste diese Aufgabe aber nur selten selbst erledigen; denn sobald sie zur Tür hinaus war, wurde sie sofort von allen Jungen aus der Nachbarschaft umlagert. Sie schien wie die Bienenkönigin zu sein, während die anderen die Arbeitsbienen waren. Und so fehlte es nie an Freiwilligen, die den Gehweg für sie räumten. Das waren die kleinen Freuden daran, eine Tochter im Teenageralter zu haben.

Etwa um diese Zeit fing es an, dass Cookie immer für einige Stunden am Tag verschwand. Ich dachte mir, dass sie sich mit Freunden herumtrieb, und achtete nicht weiter darauf. Was mir allerdings auffiel, war, dass sie bei ihrer Rückkehr stets vor sich hinsummte oder Lieder sang, die ich noch nie gehört hatte. Als Mutter war ich einfach nur froh, dass sie so glücklich war.

Doch eines Tages kam sie nach Hause und ihr ganzes Gesicht strahlte. Sie war aufgekratzter, als ich sie je zuvor erlebt hatte. Ich überlegte, ob sie vielleicht einen Jungen kennengelernt hatte, den sie besonders mochte, aber wie sich herausstellte, hatte ich weit gefehlt.

»Mami, ich glaube an Jesus Christus! Er ist der jüdische Messias!«

Wenn sie ihre Jacke zurückgeschlagen, eine Pistole gezogen und mich erschossen hätte, wäre das immer noch besser gewesen, als diese Worte aus ihrem Mund zu hören.

»Miriam, was redest du da?«, verlangte ich zu wissen. »Wo hast du so einen Unsinn gehört?«

»In der Bibelstunde, zu der ich mit meinen Freunden gehe.«

»In der was?!«, schrie ich sie an. »Du bist Jüdin; zu so etwas gehst du nicht!«

Die plötzliche Erkenntnis, dass meine Tochter sich die ganze Zeit mit »denen« abgegeben hatte, und ich nichts davon gewusst hatte – und dass sie jetzt auch noch an unseren schlimmsten Feind glaubte – das war einfach zu viel. Ich verlor jegliche Selbstbeherrschung.

»Es wäre mir lieber, du wärst eine Hure geworden!«, brüllte ich sie an.

Erschrocken und verwirrt rannte Miriam nach oben in ihr Zimmer und schloss die Tür. Ich konnte selbst kaum fassen, was für ein Zorn in mir loderte. Ich folgte ihr die Treppe hinauf, brachte es allerdings dann doch nicht fertig, ihr gegenüberzutreten. Also ging ich wieder hinunter. Aber dann kam ich doch noch einmal nach oben. Und ging wieder hinunter. Nachdem ich vier oder fünf Mal die Treppe hoch- und wieder hinuntergewandert war, hatte ich mich endlich so weit beruhigt, dass ich in ihr Zimmer gehen konnte.

Ich trat ein und setzte mich auf das Bett, auf dem sie lag. »Miriam«, setzte ich an, »weißt du eigentlich, warum du keine Großeltern, Onkel oder Tanten oder Cousins und Cousinen hast, die dir Geschenke und Süßigkeiten bringen oder mit dir zusammen Feste feiern, so wie es einige deiner Freunde haben? Ist dir klar, dass es eine Zeit gab, wo ich all das hatte? Ich hatte eine Mutter, eine Bubbe, einen Zayde und viele andere, und jetzt sind sie alle fort!« Meine Stimme fing an zu zittern. »Miriam, du hast ja keine Ahnung, was wir alles durchgemacht haben und was uns alles geraubt wurde … und alles nur wegen ihm.« Ich brachte es noch nicht einmal über mich, seinen Namen auszusprechen. »Jedes Mal, wenn sie uns geschlagen oder gequält oder umgebracht haben, war es wegen ihm.«

»Aber Mami«, entgegnete Miriam, »es war doch nicht der Jesus der Bibel, der all diese schrecklichen Dinge getan hat…« Als sie seinen Namen aussprach, hätte ich ihr am liebsten mit der geballten Faust ins Gesicht geschlagen. Für mich war er wie ein Fluch. »Erwähne diesen Namen nie wieder!«, schrie ich. Es gibt eine alte jüdische Tradition, derzufolge man einen »Tisch nicht beschämen« soll, indem keine Leute daran sitzen. »Er hat meinen Tisch beschämt! Er hat mir meine Familie geraubt!«

»Aber Mami…«

»Nein!«, schrie ich. »Du darfst nicht an ihn glauben! Ich verbiete es dir! Du hättest mich niemals tiefer verletzen können als jetzt, verstehst du das? Ich gebe dir drei Tage. Drei Tage, in denen du entscheiden kannst, ob du diesen Unsinn glauben oder das Haus verlassen willst. Ich werde es nicht zulassen, dass dieser Name hier jemals wieder erwähnt wird!« Ich schlug die Tür so heftig hinter mir zu, dass ich befürchtete, die Wände würden Risse bekommen.

Drei Tage später hatte Miriam ihre Wahl getroffen. »Ich glaube immer noch an ihn, Mami.«

»Dann verschwinde«, befahl ich ihr. Mit Tränen in den Augen packte sie einige Habseligkeiten zusammen und ging.

Das Haus der Toten

Sobald Miriam das Haus verlassen hatte, tat ich, was jede andere vernünftige jüdische Mutter auch getan hätte. Ich folgte ihr. So zornig und verletzt ich auch war, liebte ich sie doch mit inniger Verzweiflung und fürchtete umso mehr um ihr Wohlergehen. Ich musste einfach wissen, wo sie hinging.

Ihre Flucht endete in einem Haus nicht allzu weit von unserer Wohnung entfernt. Auf dem Rasen vor dem Haus saß eine Gruppe junger Leute. Einige von ihnen hatten Gitarren und kleine Trommeln bei sich. Während sie spielten, sangen die anderen Lieder, die ich für die Lieder hielt, die Miriam in letzter Zeit zu Hause gesungen hatte. Mein Herz wurde schwer, als ich diesen abgerissenen Haufen betrachtete. Die meisten von ihnen hatten strähniges, langes Haar und trugen ihre zerrissenen Jeans wie ein Ehrenabzeichen. Alle miteinander sahen sie so aus, als könnten sie ein gründliches Bad in Scheuermilch gebrauchen. Während ich nach Hause eilte, spielte meine Fantasie verrückt. Als ich endlich bei meinem Mann ankam, war ich völlig außer Atem.

»Charlie, hast du überhaupt eine Vorstellung, mit was für Typen sich unsere Tochter seit Neuestem abgibt? Sie hat sich mit diesen Jesus-Freaks eingelassen!«

»Beruhige dich, Rose«, meinte er. Dann fügte er noch hinzu: »Es könnte schließlich schlimmer sein.«

»Was könnte denn bitte noch schlimmer sein?«, schleuderte ich ihm entgegen. »Wir haben doch keine Ahnung, was diese Kids alles so treiben.« Vor meinem inneren Auge sah ich sie schon bei regelmäßigen Sexorgien, abhängig von verschiedenen bewusstseinserweiternden Drogen und weiß der Himmel was noch alles.

Ich beschloss, das Büro des zuständigen Staatsanwalts aufzusuchen, wo ich mich mit Arlen Spector traf. Dabei hoffte ich, dass wir irgendwie einen Hausdurchsuchungsbefehl erwirken könnten. Aber er teilte mir lediglich mit, dass er nichts weiter für mich tun konnte. »Wir werden das Haus im Auge behalten«, versuchte er mich zu beruhigen. Aber ich war längst nicht beschwichtigt.

Von dort kehrte ich nach Hause zurück, aber irgendwie schien sich dieser Ort beinahe über Nacht in ein Schlachtfeld verwandelt zu haben. Sobald ich versuchte, mit Charlie über

Miriam zu reden, meinte er lediglich, ich wäre hysterisch. Was ich auch war.

Candie, die damals noch in die Hebräischschule ging, wurde trotzig. »Du bist schuld, dass meine Schwester weg ist«, warf sie mir vor. »Hey, du und deine Schwester, ihr habt euch doch sonst immer nur gestritten«, erinnerte ich sie. Aber auch ich vermisste Miriam. Und ich hatte Angst.

Eines Tages, als ich Miriams Zimmer putzte, sah ich ein Stück Stoff unter ihrem Bett hervorschauen. Ich zog daran. Es war eine Bluse, die sie einfach »haben musste«, weil alle Mädchen an ihrer Schule so eine trugen. Ich erinnerte mich, wie ich ihrer Bitte nachgegeben hatte, weil ich gedacht hatte: »Meinem Kind soll es nie an irgendetwas fehlen. Sie soll alles haben, was ich nie hatte, und dann noch ein bisschen dazu.« Der Anblick dieser Bluse schnitt mir erneut tief ins Herz.

Ich ging nach unten und trat zu Charlie, der gerade Zeitung las. Ich hielt meine Stimme so ruhig wie möglich und bat ihn beinahe im Flüsterton: »Bitte, Schatz, bitte sieh doch nach ihr. Fahr doch einfach an diesem Haus vorbei und schau, ob du sie siehst ... oder wenn du kannst, sprich mit ihr. Ich möchte einfach nur wissen, dass es ihr gut geht. Ich meine ...« Mir versagte die Stimme.

Also fuhr Charlie zu dem anderen Haus hinüber. Er blieb stundenlang weg. Ich war fast krank vor Sorge, während er fort war. Als er zurückkehrte, konnte ich mich nur mit Mühe beherrschen, ihn nicht anzuspringen.

»Was ist passiert?«, wollte ich wissen.

»Nun«, begann er, »als ich dort ankam, ging ich hinein und suchte nach Miriam. Dann sah ich diese Kids am Boden. Sie saßen einfach nur so auf dem Boden, dann erst merkte ich, dass sie beteten ...«

Ich spürte, wie sich ein Kloß in meiner Kehle formte. Der Kloß wuchs immer weiter, je länger Charlie mir davon erzählte, was er in dem Haus erlebt hatte, wie bewegt er beim Anblick dieser Teenager gewesen war, die so offen und leidenschaftlich beteten. Als sie ihn einluden, sich zu ihnen zu setzen, tat er es. Dann sagte er: »Rose, ich glaube, dass Jesus der Messias ist.«

Zunächst brachte ich kein Wort hervor. Dann brach es aus mir heraus: »Das verstehe ich nicht, Charlie. Ich muss dich praktisch anflehen, mit mir in die Synagoge zu gehen. Und wenn du dann mal mitkommst, bleibst du noch nicht einmal für den gesamten Gottesdienst. Du scherst dich doch überhaupt nicht um Gott, ganz zu schweigen von einem Messias!«

»Du hast recht. Gestern noch hat mich das alles nicht gekümmert. Aber es ist wahr, Rose. Komm, lass es mich dir zeigen …« Er ging auf den Tisch zu, auf dem er eine Bibel abgelegt hatte. Aber ich schnappte sie mir zuerst.

»Nein! Es ist eine Sache, wenn Miriam diesen Unsinn glaubt; sie ist nur ein Kind. Aber dass du mir das antust …« Ich nahm die Bibel und schleuderte sie ihm mit aller Kraft an den Kopf. Sie traf ihn mitten ins Gesicht.

Ich erstarrte. In all unseren Ehejahren hatten wir nie die Hand gegeneinander erhoben. Ich konnte Charlie noch nicht

Meine Töchter Miriam und Candie (v. li.)

einmal mehr ansehen. Ein ungestümer Blick trat in seine Augen, worauf ich mich umwandte und zur Tür stolperte, da ich mich vor dem fürchtete, was er vielleicht tun würde. Ich riss die Tür auf und lief aus dem Haus; es dauerte mindestens zwei Stunden, ehe ich die Rückkehr wagte. Aber letzten Endes wusste ich, dass ich zurückgehen und ihm gegenübertreten musste.

Der Angstschweiß stand mir auf der Stirn, als ich die Tür öffnete und ins Haus trat. Charlie war noch ziemlich genau an der gleichen Stelle, an der ich ihn stehen gelassen hatte, aber inzwischen war aller Ärger aus seinem Gesicht verschwunden. Er sah mich an und sagte ruhig: »Ich möchte, dass Miriam nach Hause kommt.« Ich war schlau genug, mich in diesem Augenblick nicht mit ihm zu streiten.

Sie zog wieder zu Hause ein und langsam fühlte es sich so an, als hätte sich meine ganze Familie gegen mich verschworen. Ich entdeckte, dass sogar meine geliebte Candie »den Herrn angenommen« hatte. Als ich davon hörte, stürmte ich in Miriams Zimmer. »Dein Vater und ich arbeiten sehr hart, damit deine Schwester in die Hebräischschule gehen kann, und dann kommst du daher und fütterst sie mit diesen Lügen!« In meinem blinden Zorn ließ ich mich hinreißen, sie zu schlagen. Ich schlug so fest zu, dass sie blaue Flecken davontrug. Als ich am nächsten Tag die Verfärbung sah, konnte ich es nicht fassen. »Wer hat dir das angetan?«, verlangte ich zu wissen.

»Du, Mami«, sagte sie leise. »Du warst es.«

Ich konnte es nicht glauben. Ich konnte mich nicht einmal daran erinnern, sie geschlagen zu haben. Danach hatte ich ein schlechtes Gewissen und wusste, dass wir wenigstens den äußeren Anschein einer Waffenruhe finden mussten, wenn diese Familie irgendwie überleben sollte. Außerdem machte sich bei mir langsam die Hoffnung breit, dass das Ganze vielleicht doch nur eine Modeerscheinung war, die wieder vergehen würde. Irgendwann würden sie alle wieder zu sich kommen und dann könnten wir wieder glücklich zusammenleben.

Ich versuchte, wenigstens einige Grundregeln festzulegen: kein Gebet im Haus, kein Bibellesen und vor allem keine Zusammenkünfte dieser »Freaks« in meinem Haus. Wir entwickelten unsere tägliche Routine. Morgens, nachdem die Kinder in die Schule gegangen waren, ging ich in ihre Zimmer, um aufzuräumen und die Betten zu machen. Wenn ich dabei auf eine Bibel stieß, öffnete ich das Fenster zum Hof und warf die Bibel und alle sonstigen Jesus-Fanartikel in die Mülltonnen unten am Haus. Sobald die Kinder aus der Schule zurückkamen, durchwühlten sie immer als Erstes die Mülltonnen, um ihre Bibeln wieder hervorzukramen. Bisweilen kam ihnen die Müllabfuhr zuvor und so habe ich heute noch lebhafte Bilder vor meinem inneren Auge, wie Charlie dem Müllauto hinterherlief und den Müllmann anbrüllte, er solle anhalten, damit er ihre Bibeln suchen konnte.

Oh Charlie. Ich liebte ihn so sehr und dennoch fühlte ich mich so verraten von ihm, dass ich fast kein Wort mehr mit ihm wechselte. Ich hatte das Gefühl, dass ich mich mit meinen Sorgen nicht länger an ihn wenden konnte. Er verstand mich einfach nicht mehr. Es wurde so schlimm, dass ich ihn fast nicht mehr ansehen konnte.

Die Kinder taten gut daran, sich nicht in die Probleme ihrer Eltern einzumischen. Nach und nach stellte ich eine Veränderung an ihnen fest. Sie halfen mehr im Haus, fingen an, selbstständig aufzuräumen, ihre Teller abzuwaschen und nicht mehr alles nur liegen zu lassen. Ich sagte nichts dazu. Wenn das ein Teil ihres neuen Glaubens war, war es der einzige Teil, den ich zu akzeptieren bereit war.

Die Situation zu Hause wurde so schlimm, dass ich anfing, mich nach einem Ausweg umzusehen. Ich suchte mir einen Rechtsanwalt, dem ich erklärte, was vor sich ging, und dem ich von meiner Absicht erzählte, mein Heim und meine Familie zu verlassen. Er überzeugte mich, dass ich vor dem Gesetz keinerlei Rechtfertigung dafür finden würde und mich schuldig machen könnte, meine Familie einfach sitzen zu lassen. »Ein schlechter Witz«, dachte ich. »Wenn man bedenkt, dass sie es waren, die mich sitzen gelassen haben.«

Ich wusste nun, dass ich meine Familie nicht verlassen konnte, aber ich brauchte auf jeden Fall jemanden, mit dem ich reden konnte und der mich verstehen würde. Also beschloss ich, mich meinem Rabbi anzuvertrauen. Als ich ihm die Situation darlegte, sah er mich nur an und bemerkte trocken: »Ich sage Ihnen das nicht gerne, Rose, aber Sie leben in einem ›Haus der Toten‹.« Paradoxerweise befand ich mich nun in der Zwangslage, dass ich das Gefühl hatte, die Familie verteidigen zu müssen, die ich soeben noch vernichtend kritisiert hatte. »Ich verstehe das nicht«, sagte ich. »Sie können nicht tot sein. Es muss doch etwas geben, das ich tun kann.«

»Ich bin mir sicher, Sie werden noch verstehen, was ich meine, Rose. Ihre Familie hat ihrem Glauben den Rücken gekehrt. Sie sind abgefallen. In der Zwischenzeit tun Sie gut daran, die Schrift zu studieren. Ich bin mir nämlich ziemlich sicher, dass sie auch versuchen werden, Sie von ihrem Glauben zu überzeugen.« Ehe ich ihn verließ, überreichte er mir eine jüdische Bibel. Ich dankte ihm und ging, aber ich fühlte mich kein bisschen besser als vorher.

Im Keller

Ich war in Polen aufgewachsen, wo Frauen nie selbst die Schrift lasen. Diese Art des Studiums war den Männern vorbehalten. So kam es, dass ich nicht darauf vorbereitet war, als meine Kinder anfingen, mir überall kleine Zettel mit Bibelversen zu hinterlassen, ganz so, wie der Rabbi es vorhergesagt hatte. Am Anfang hatte ich überhaupt keine Ahnung, was die Kürzel »1. Mo«, »Ps« und »Jes« zu bedeuten hatten. Aber es war auch ganz egal, da ich die Papierschnipsel ohnehin wegwarf.

Dann nahmen sie die Bibel, die der Rabbi mir gegeben hatte, und sie fingen an, bestimmte Stellen zu unterstreichen und sie mit kleinen Papierfetzen zu markieren. Als ich das sah, flammte mein Zorn erneut auf. Ich lief über die Straße zu meinem Rabbi und warf die Bibel auf seinen Schreibtisch. »Sehen Sie nur her, was sie angestellt haben! Sie haben die Schrift entweiht! Weshalb wollen sie, dass ich das lese?«

Der Rabbi seufzte entrüstet. »Sie denken, wenn Sie diese Verse lesen, würden sie Sie überzeugen, dass sie auf Jesus als den Messias hinweisen; aber für jeden einzelnen dieser ›Beweise‹ kann ich Ihnen zwei andere Verse nennen, die dagegensprechen.«

Ich empfand ziemliche Genugtuung, als ich zu meinen Kindern zurückkehrte und ihnen die Verse zeigte, die mir der Rabbi gegeben hatte. Ich selbst wusste kaum etwas über die Bibel, aber das Ganze entwickelte sich zu einer Art Schachspiel mit meinen Kindern. Ich zeigte ihnen die Verse des Rabbis; sie brachten diese Verse dann zu Joe Finkelstein, dem Besitzer des Hauses, in dem Miriam gewohnt hatte, der ihnen wiederum neue Verse gab, mit denen sie dem Rabbi antworten konnten. Dieses Hin und Her ging eine ganze Weile so weiter und nach und nach verstand ich, dass die Thora und die Propheten den Plan Gottes für sein Volk enthielten. Dazu gehörte die Verheißung, dass eines Tages ein Messias kommen würde, um sein Volk zu befreien.

Ich hatte vom Messias gehört. Ich wusste, dass zuerst Mose und Elia erscheinen mussten, ehe er kommen konnte. Zumindest war es das, was die Rabbiner sagten. Ich wusste, dass er Frieden auf Erden bringen würde. Aber ich hatte keine Ahnung, was der *Tanach* (die hebräische Heilige Schrift) sonst noch über ihn zu sagen hatte.

Eines Tages zeigten mir meine Kinder Jesaja 53, wo ich las:

Wer hat unserer Verkündigung geglaubt? An wem ist der Arm des Herrn offenbar geworden? Er ist wie ein Trieb vor ihm aufgeschossen und wie ein Wurzelspross aus dürrem Erdreich. Er hatte keine Gestalt und keine Pracht. Und als wir ihn sahen, da hatte er kein Aussehen, dass wir Gefallen an ihm gefunden hätten. Er war verachtet und von den Menschen verlassen, ein Mann der Schmerzen und mit Leiden vertraut, wie einer, vor dem man das Gesicht verbirgt. Er war verachtet, und wir haben ihn nicht geachtet.

Jedoch unsere Leiden – er hat sie getragen, und unsere Schmerzen – er hat sie auf sich geladen. Wir aber, wir hielten ihn für bestraft, von Gott geschlagen und niedergebeugt. Doch er war durchbohrt um unserer Vergehen willen, zerschlagen um unserer Sünden willen. Die Strafe lag auf ihm zu unserm Frieden, und durch seine Striemen ist uns Heilung geworden. Wir alle irrten umher wie Schafe, wir wandten uns jeder auf seinen eigenen Weg; aber der Herr ließ ihn treffen unser aller Schuld. Er wurde misshandelt, aber er beugte sich und tat seinen Mund nicht auf wie das Lamm, das zur Schlachtung geführt wird und wie ein Schaf, das stumm ist vor seinen Scherern; und er tat seinen Mund nicht auf. Aus Bedrängnis und Gericht wurde er hinweggenommen. Und wer wird über seine Generation nachsinnen? Denn er wurde abgeschnitten vom Lande der Lebendigen. Wegen des Vergehens seines Volkes hat ihn Strafe getroffen. Und man gab ihm bei Gottlosen sein Grab, aber bei einem Reichen ist er gewesen in seinem Tod, weil er kein Unrecht begangen hat und kein Trug in seinem Mund gewesen ist.

Doch dem Herrn gefiel es, ihn zu zerschlagen. Er hat ihn leiden lassen. Wenn er sein Leben als Schuldopfer eingesetzt hat, wird er Nachkommen sehen, er wird seine Tage verlängern. Und was dem Herrn gefällt, wird durch seine Hand gelingen. Um der Mühsal seiner Seele willen wird er Frucht sehen, er wird sich sättigen. Durch seine Erkenntnis wird der Gerechte, mein Knecht, den Vielen zur Gerechtigkeit verhelfen, und ihre Sünden wird er sich selbst aufladen. Darum werde ich ihm Anteil geben unter den Großen, und mit Gewaltigen wird er die Beute teilen: dafür, dass er seine Seele ausgeschüttet hat in den Tod und sich zu den Verbrechern zählen ließ. Er aber hat die Sünde vieler getragen und für die Verbrecher Fürbitte getan.

Das war ein starkes Stück – so stark, dass ich zweimal darüber nachdachte, ehe ich damit zu meinem Rabbi lief. Als ich ihm diese Stelle vorlegte, sagte er zugleich streng und traurig zu mir: »Sie gehören auch dazu.«

»Nein, tue ich nicht!«, widersprach ich. »Ich will einfach nur wissen, was das wirklich bedeutet. Spricht diese Stelle über den Messias? Helfen Sie mir.«

Er seufzte. »Sie handelt von König David«, erklärte er. »Genau wie Psalm 22 und viele andere Schriftstellen, die ihre Familie verdrehen will.«

Aber er schien aufgebracht und wollte nicht weiter mit mir darüber reden. Also ging ich nach Hause zurück, verwirrt und etwas ärgerlich. Ich schnappte mir Cookies Bibel und meine eigene und zog mich in den Keller zurück, wo ich mich allein mit den beiden Bibeln und dem Telefon auf der Toilette einsperrte. Ich begann, die beiden Bibelversionen zu vergleichen, besonders die Stellen, die meine Kinder unterstrichen hatten. Es gab kaum einen Unterschied zwischen Cookies Bibel und meiner eigenen.

Wieder schlug ich Jesaja 53 auf. Meine Augen fielen auf Vers 10. »Doch dem Herrn gefiel es, ihn zu zerschlagen…« Wer war »er«? War es wirklich David gewesen, so wie der Rabbi gesagt hatte? Aber wie konnte David die »Sünden vieler« tragen?

Ich brauchte weitere Antworten und da der Rabbi nicht mehr interessiert schien, wusste ich nicht, an wen ich mich noch wenden sollte. Dann erinnerte ich mich daran, dass wir ja in der Nähe eines Priesterseminars lebten, wo die *Gojim*, die Heiden studierten. »Vielleicht können die mir weiterhelfen«, überlegte ich.

Ich hatte noch nie zuvor in meinem Leben das St.-Charles-Seminar betreten, ausgerechnet ein katholisches Seminar. Ich ging nach oben und trat aus der Tür in die Sommerhitze hinaus. Mir perlte beim Gehen der Schweiß auf der Stirn und jeder Schritt schien das Echo zurückzuwerfen: »Er kann es nicht sein, er kann es nicht sein ...« Endlich kam ich verschwitzt und vom Laufen ermüdet beim Seminar an. Dennoch konnte ich mich zunächst nicht überwinden, den Fuß über die Schwelle zu setzen.

Dann atmete ich tief durch und öffnete die Tür. Kühle Luft strömte mir entgegen, aber sie beruhigte mich nicht. Ich trat in das Büro. Ein Mann trat auf mich zu. Zitternd hielt ich ihm meine Bibel entgegen, die bei Jesaja 53 aufgeschlagen war. »Was heißt das?«, fragte ich fordernd und zeigte auf Vers 10.

»Es gefiel Gott, ihn zu zerschlagen«, antwortete er.

»Ich weiß, was da steht. Aber was bedeutet es?«

»Da geht es um Jesus. Es bedeutet, dass es Gott gefiel, Jesus um unserer Sünde willen zu zerschlagen.«

»Ach ja? Wenn es Gott gefiel, ihn zu zerschlagen, warum habt ihr dann mich und meine Familie in ein Konzentrationslager gesteckt? Ich habe ihn nicht umgebracht!«, schrie ich und war gleichzeitig den Tränen nahe.

Der Mann setzte sich auf eines der Sofas im Wartebereich, beugte den Kopf, stützte ihn in beide Hände und sagte: »Es tut mir so leid, es tut mir so leid. Es tut mir so leid, dass wir Ihnen das angetan haben.«

Bei mir hatte sich noch nie jemand für das entschuldigt, was mir im Konzentrationslager angetan worden war, und schon gar kein Christ. Seine Demut wirkte in gewisser Weise entwaffnend und ich entschuldigte mich, meinen Ärger an ihm ausgelassen zu haben. Und dann stand ich da und wusste nun nicht, was ich sonst noch sagen oder tun sollte. Ich wusste ja noch nicht einmal genau, wie ich überhaupt hierhergekommen war.

Jemand aus dem Seminar brachte mich nach Hause. Am nächsten Tag verzog ich mich wieder in den Keller. Ich hatte Cookies Bibel dabei und begann, das Matthäusevangelium zu lesen. Dieses Evangelium beginnt unmittelbar mit der Abstammung Jesu. Ich sah lauter Namen, die ich kannte: König David, Abraham, Isaak, Jakob. Ich hatte beinahe das Gefühl, als spräche Matthäus direkt zu mir: »Siehst du, Rose? Er ist Jude.«

Ich las das ganze Evangelium durch, um zu entdecken, wo genau Jesus zu unserem Feind wurde. In meinem Kopf spukte immer noch das Echo der Schreie der Wachen, die mich anbrüllten: »Christusmörder! Jesus hasst dich, du Schwein!«

Aber der Jesus auf den Seiten vor mir war nicht voller Hass. Er war liebevoll, sanft und barmherzig. Er war kein Löwe; er war ein Lamm. Und, ach, wie er gelitten hatte. Ich wusste, dass er meine Schmerzen verstehen würde. Ich wusste, dass er niemals in einer Nazi-Uniform dastehen und auf mich einprügeln und mich beschimpfen würde. Es war viel leichter, sich ihn in Sträflingskleidung vorzustellen, wie er neben mir litt. »Er hasst mich gar nicht«, dachte ich. »Es war nicht seine Schuld.«

Ich blieb stundenlang, ja, tagelang dort unten im Keller und las immer weiter im Neuen Testament meiner Tochter. Ich verschlang es gierig und war mir überhaupt nicht bewusst, wie die Zeit verging. Als ich wieder aus dem Keller auftauchte, hatte ich ein neues Verständnis von Jesus, aber ich war noch weit davon entfernt, an ihn als den Messias zu glauben. Ich hatte schon zu viel gesehen, um zu glauben, dass sein Kommen irgendetwas verändert hätte. Auf jeden Fall hatte es nicht den Frieden auf Erden gebracht, auf den wir alle warteten.

Nach und nach fing ich an, mehr Freunden meiner Tochter den Besuch unseres Hauses zu erlauben, obwohl ich ihnen immer noch nicht vertraute. Als die hohen Feiertage vor der Tür standen, bereitete ich mich mit einem strengen Eifer darauf vor, mit dem ich ausdrückte: »Seht her, ich bin Jude. Ihr seid es nicht.«

Aber kurz vor Rosch haSchana hatte Charlie einen Herzinfarkt. Ich war verwirrt und verängstigt. Die Welt geriet aus den Fugen. Ich hatte keinen Führerschein, also organisierte Miriam, dass einige ihrer Freunde mich ins Krankenhaus fuhren.

Als sie mich endlich zu Charlie ins Zimmer ließen, war er bei Bewusstsein und sein Zustand schien stabil zu sein. Ich verbrachte den ganzen Tag an seinem Bett. Gelegentlich bat er mich mit seiner geschwächten Stimme in flehentlichem Ton: »Bitte, Rose, bitte sag Ja zu Jesus. Bitte.« Ich wollte ihn nicht aufregen, aber ich konnte einfach nicht tun, worum er mich bat. »Charlie, ich weiß, dass Jesus nicht der abscheuliche Mensch ist, für den ich ihn immer gehalten habe, aber er ist nicht Gott. Er ist ein Mensch und ich kann nicht zu einem Menschen beten.« Als er einschlief, hatte er einen traurigen Gesichtsausdruck.

Am nächsten Tag war *Erev Rosch haSchana*, der Vorabend des jüdischen Neujahrstages. Ich ging zu Charlie ins Krankenhaus, sobald die Besuchszeit es zuließ. Charlies Arzt war gerade bei ihm, als ich das Zimmer betrat. »Rose, tun Sie alles, was er will. Er darf sich nicht aufregen.« Ich hätte ihm am liebsten entgegnet: »Aber Sie haben ja keine Ahnung, was er von mir verlangt.« Doch ich hielt mich zurück und ging zu Charlie hinüber. »Hallo«, sagte ich leise. Er nahm seine Sauerstoffmaske ab und sah mich an. »Rose, ich möchte, dass du heute Abend mit Miriam zu dem Gebetsabend gehst.«

»Du willst, dass ich da heute Abend hingehe? An Rosch haSchana?«, fragte ich und versuchte, ruhig zu bleiben. »Ja«, antwortete er mit großer Anstrengung. »Geh heute Abend.«

Da ich an das dachte, was der Arzt mir gesagt hatte, nickte ich nur und ging. Als ich nach Hause kam, ging ich über die Straße zu meiner Synagoge und bat den Rabbi, für die Gesundheit meines Mannes zu beten.

Er schüttelte nur den Kopf. »Nein. Ihr Mann ist bereits tot.«

Hatte ich richtig gehört? Am Vorabend von Rosch haSchana weigerte sich mein Rabbi, für meinen Mann zu beten? Mein Charlie kämpfte gerade nach einem Herzinfarkt um sein Leben und mein Rabbi wollte nicht einmal für ihn beten? Selbst die Leute um uns herum fingen an, mit ihm zu diskutieren. »Es ist ja gar nicht ihr Mann, der Sie darum bittet«, führten sie an. »Rose, Rose, die jahrelang für unsere Synagoge gearbeitet hat, bittet darum.«

Aber er weigerte sich trotzdem. Ich rannte hinaus und schwor, dass ich nicht zurückkehren würde, um am Rosch-haSchana-Gottesdienst teilzunehmen. Dann überquerte ich die Straße erneut. Die Kluft zwischen meinem Haus und der Synagoge war in diesem Augenblick zu einem unüberbrückbaren Abgrund geworden.

Zu Hause warteten bereits Miriam und einige ihrer Freunde auf mich. Sie baten mich inständig, mich umzuziehen und sie zu einer neuen Gemeinde zu begleiten, die sie besuchten.

Ich war zu müde, um zu kämpfen. An diesem Vorabend von Rosch haSchana sehnte sich meine Seele danach, bei meinem Volk zu sein, mit meinem Volk zu beten. Ich dachte an meine Familie, die so lange schon tot war, und ich hatte das dringende Bedürfnis, das Kaddisch zu beten, das Gebet, in dem wir Gott in Erinnerung an unsere Lieben und andere ehren, die verstorben sind. Es reichte nicht aus, bei mir zu Hause zu beten, denn Gott hatte eine heilige Versammlung für den Sabbat und andere Feiertage befohlen. Ich musste das Kaddisch zusammen mit Angehörigen meines Volkes beten.

Also ging ich mit meiner Tochter und ihren Freunden zu Ed Brupskys messianischer Gemeinde in der Gegend. Damals wusste ich noch nicht einmal, was eine »messianische« Gemeinde war.

Als der Gemeindeleiter, Ed Brupsky, mich mit meiner Tochter hereinkommen sah, rief er den anderen zu: »Lasst uns alle für unseren Bruder Charlie beten, der mit einem Herzinfarkt im Krankenhaus liegt.« Da begannen alle diese Leute, für Charlie zu beten, manche laut und manche leise. Eine warme Welle strömte über mich, wie ich sie noch nie zuvor gespürt hatte.

Als das Gebet beendet war, war ich ziemlich überwältigt; deshalb stand ich auf und ging in einen Nebenraum. Eine Frau folgte mir und sprach mich an: »Rose Price?« Ich drehte mich um. »Das bin ich«, antwortete ich. Sie zeigte mit dem Finger auf mich und sagte: »Wenn Sie Christus nicht annehmen, gehen Sie geradewegs in die Hölle!«

Ich sah ihr direkt in die Augen und spuckte: »Wissen Sie was? Ich war schon in der Hölle und es waren genau solche Leute wie Sie, die mich dorthin gebracht haben! Ich bin Jüdin. Ich werde Ihren Gott nicht annehmen.«

»Auch ich bin Jüdin«, entgegnete sie.

»Nein, sind Sie nicht! Eine Jüdin würde niemals so reden. Und wer hat Sie überhaupt zur Richterin berufen?«

Irgendjemand musste diesen Wortwechsel mitbekommen haben und kam gelaufen, um mich von ihr wegzuziehen. Die Jugendlichen, die mich hergefahren hatten, umringten mich schützend und brachten mich nach Hause.

»Ich schwöre es euch, da gehe ich nie wieder hin«, schärfte ich ihnen ein. Ich wollte mit dieser Frau und ihresgleichen nichts zu tun haben. Zu Hause angekommen, raffte ich mich noch einmal auf und überquerte die Straße zur Synagoge. Es war immerhin immer noch der Vorabend von Rosch haSchana. Ich ging den Gang im Versammlungsraum der Synagoge entlang zu unseren angestammten Plätzen, zu Charlies und meinem Platz. Alle drehten sich um und starrten mich an. Plötzlich hatte ich das Gefühl, in meiner eigenen Synagoge eine Fremde zu sein. Als ich den Rabbi vorne an der *Bima* sah, wusste ich, dass ich immer noch zornig war. Da ich keine Szene machen wollte, machte ich einfach kehrt und ging.

Auf besondere Einladung

Nachdem er fünf Tage im Krankenhaus unter Beobachtung gestanden hatte, durfte Charlie nach Hause gehen. Er schien so gesund zu sein wie eh und je. Es war während der zehn Tage der Buße und Umkehr zwischen Rosch haSchana und Jom Kippur, dem Versöhnungstag. Was normalerweise eine düstere Zeit ist, wurde durch die Heimkehr meines Mannes aufgehellt.

Mitten in unserer Feier hörte ich von einer besonderen Dinnerparty, die in der Villa des Millionärs Arthur DeMoss geplant war. Als Eintritt musste man einen Juden mitbringen, der noch nicht an Jesus glaubte. Mit einem Schlag hatte ich das Gefühl, der gefragteste Mensch in ganz Philadelphia zu sein!

Debbie Finkelstein lud mich als ihren Gast ein. So neugierig ich auch war und gerne sehen wollte, wie »die andere Hälfte« lebte, wollte ich dennoch nicht hingehen. Aber Charlie sagte, dass es ihn sehr glücklich machen würde, wenn ich ginge. Also tat ich ihm zähneknirschend den Gefallen. Als ich Debbies Einladung annahm, bemerkte ich noch unverschämt: »Schön, dann gibt es Abendessen bei DeMoss und zum Nachtisch gibt es Jesus Christus.«

Als wir dort ankamen, wurden wir von Mr DeMoss persönlich begrüßt, einem bekannten und angesehenen Geschäftsmann. Nachdem wir alle in seinem beeindruckenden Haus Platz gefunden hatten, hieß er uns erneut als Gruppe willkommen und fing an, darüber zu sprechen, dass »an Jesus zu glauben etwas sehr Jüdisches« sei. Das Einzige war, dass er »Jeschua« sagte statt Jesus. »Heute Abend«, sagte Mr DeMoss, »hoffe ich, dass wir die Gelegenheit haben zu sehen, warum der Gedanke des Messias von grundlegender Bedeutung für das Judentum ist, und wie die Thora, die Propheten und die Schriften uns allen zeigen, dass Jeschua unser Messias ist.«

Ich war drauf und dran, diesen Mann für sein offensichtliches Bemühen mich zu »bekehren«, zu erwürgen. »Du bist kein Jude!«, wollte ich ihm entgegenschleudern. »Was weißt du schon?«

Aber es gelang mir, das gesamte Essen über höflich zu bleiben. Danach wurde ein Film vorgeführt, der den Titel trug »Trockene Gebeine«, und er handelte natürlich von Jesus. Dann hielt Manny Brotman, der zusammen mit seiner Frau Audrey da war, einen Vortrag. Sie waren beide Juden, die an Jesus glaubten.

Als er anfing zu sprechen, verließ ich den Raum und ging in ein anderes Zimmer, wo ich allein sein konnte. Dort ging ich auf und ab wie ein Tiger im Käfig, bis Debbie schließlich kam, um nach mir zu suchen. Sie nahm mich am Arm und führte mich in eine Ecke.

»Rose, warum betest du nicht und fragst Gott selbst, ob Jesus wirklich der Messias ist?« Ich starrte sie nur an. »Debbie, ich habe seit 1941 nicht mehr zu meinem Gott gebetet. Und jetzt meinst du, ich würde zu *deinem* Gott beten? Willst du etwa, dass ich keine Jüdin mehr bin?«

Sie erklärte beharrlich, dass ich mein Judentum ja nicht ablegen müsste. »Du wirst es verstehen, Rose. Du wirst es bald verstehen.«

Arthur DeMoss, der uns bei unserer hitzigen Diskussion beobachtet hatte, kam zu uns herüber. »Rose, möchten Sie, dass ich mit Ihnen bete?«

»Ich bete nicht zu Ihrem Gott«, sagte ich abweisend.

»Nun, macht es Ihnen etwas aus, wenn *ich* bete?«

»Das ist Ihr Haus. Sie können hier einen Kopfstand machen, wenn Sie wollen.«

Mr DeMoss beugte den Kopf und begann zu beten. Nach und nach kamen viele andere herein und fingen ebenfalls an zu beten. Sie schlossen alle die Augen. Ich behielt meine offen. Man hatte mir beigebracht, dass ein Jude niemals seine Augen zum Beten schließt. Wir könnten ja etwas verpassen, schließlich wollen wir ja sehen, ob Elia kommt. Aber letzten Endes schloss ich an diesem Abend dann doch irgendwann die Augen und ließ mich von den Gebeten dieser Leute einhüllen, die mir Frieden brachten, wie es auch bereits in der Versammlung um Ed Brupsky geschehen war. Es war zwei Uhr morgens, als ich meine Augen wieder öffnete. Die Stunden waren vergangen, ohne dass ich es bemerkt hätte, und ich fühlte mich, als wären riesige Steinlasten von meinem Herzen abgefallen. Die ganze Schwere war verschwunden. Ich hatte einen warmen, sicheren Ort gefunden, nachdem ich so lange Zeit draußen in der Kälte herumgeirrt war. An diesem Ort war ich endlich in der Lage zu beten.

»Gott Abrahams, Isaaks und Jakobs«, begann ich, »wenn es wirklich wahr ist, dass er – du weißt schon, wer – dein Sohn und mein Messias ist, dann ist das okay für mich. Aber wenn er es nicht ist, dann ist es auch okay. Wir haben die letzten Jahre nicht miteinander geredet, aber wir werden Freunde bleiben.« Dann fügte ich schnell noch ein Gebet an. »Wenn er wirklich der Messias ist, dann will ich ihn haben. Ich werde tun, was er mir sagt und werde hingehen, wo auch immer er mich hinschickt. Aber bitte, zeig mir einfach ganz sicher, dass er es ist.«

Das war am 21. September 1971, sehr angemessen für die Tage der Buße und Umkehr. Dieses Datum ist mir ins Gedächtnis eingebrannt als Tag meiner *Teschuva*, der Tag, an dem ich zu Gott umgekehrt bin.

Kurz darauf musste ich auf Grund von Blutgerinnseln in den Beinen ins Krankenhaus. Die Ärzte entschieden, dass mir eine Vene gezogen werden musste. Dann bildete sich aber ein weiteres Blutgerinnsel in meiner Lunge. Ich erinnere mich noch entfernt daran, wie ich ein Gespräch der Ärzte mit anhörte, als sie besprachen, wie sie die untere Hälfte meines Körpers abschirmen konnten, damit die Blutgerinnsel aus meinen Beinen nicht in den übrigen Köper wandern konnten. Ich würde den Rest meines Lebens in einem Rollstuhl verbringen müssen.

Das konnte ich nicht akzeptieren. Ich erinnere mich, wie ich ausrief: »Ich gebe Ihnen nicht die Erlaubnis, mich zu verkrüppeln! Ich werde Ihr Krankenhaus mit allem, was Sie haben, verklagen!«

Sie führten die Operation nicht durch. Danach ging es mir immer schlechter. Ich weiß noch, wie einer der Ärzte sagte: »Wenigstens wird sie einen leichten Tod haben. Sie wird immer wieder und immer tiefer ins Koma fallen, bis sie eines Tages gar nicht mehr aufwacht.«

Langsam verlor ich alle Hoffnung. Ich vegetierte stumpf vor mich hin, benebelt von der Vielzahl an Schmerzmitteln. Ich hatte keinerlei Zeitgefühl mehr. Eines Tages schlug ich die Augen auf und Charlie stand neben meinem Bett. Neben ihm stand ein Fremder. »Ihr werdet mich operieren, oder?«, fragte ich flüsternd.

»Ja, aber nur, wenn Sie es zulassen.«

»Wollen Sie mich halbieren?«

Er lächelte. »Nein, ich werde Sie überhaupt nicht aufschneiden. Ich werde lediglich einen winzigen Einschnitt machen und ein kleines Teil einführen, so ähnlich wie einen Regenschirm.«

Ich musste mich verhört haben: »Einen was?«

»Es ist ein Experiment«, erklärte er weiter. »Wir wissen nicht, ob es funktioniert, aber ich denke wirklich, dass wir wenigstens versuchen sollten, Ihr Leben zu retten.« Das ist das Letzte, woran ich mich erinnere, ehe alles um mich herum schwarz wurde. Das war im Dezember 1971. Als ich wieder zu mir kam, beglückwünschten mich alle, die um mein Bett versammelt waren – Charlie, meine Kinder und die Ärzte – zum neuen Jahr 1972.

Ich hatte überlebt und war noch im Besitz meiner beiden Beine. Tief in meinem Herzen wusste ich, dass Gott für mich eingetreten war. Er hatte die Gebete meiner Kinder, meines Mannes und aller ihrer Freunde gehört und daraufhin eingegriffen. Von diesem Zeitpunkt an begann ich, Gott als meinen Befreier zu sehen – nicht mehr als ein Wesen, das weit entfernt von mir war und Leid einfach nur so zuließ, sondern als einen Gott, der in meinem Leiden bei mir war und der mich dabei in seiner Hand hielt.

Gott zu vertrauen war eine schwierige Lektion, die ich lernen musste. So lange hatte ich stets das Gefühl gehabt, wenn ich überleben geschweige denn Erfolg haben wollte, dann musste ich es alleine bewerkstelligen. Die Vorstellung, dass ich mein Leben buchstäblich in Gottes Hand legen konnte, war eine ganz neue Welt für mich.

Sobald meine Kräfte zurückkehrten, las ich ständig in der Bibel. Bisweilen vergaß ich darüber vollkommen, das Essen zu kochen oder das Haus zu putzen. Die Kids verstanden, was mit mir los war und von dem Zeitpunkt an kamen diese Jesus-Freaks entweder in meinem Haus zusammen oder sie trafen sich in dem Haus, das sie liebevoll als »Fink-Zoo«[4] bezeichneten. Wenn sie bei uns zu Hause waren und ich meine Tür geschlossen hatte, verhielten sie sich mucksmäuschenstill, um

---

[4] *Fink* ist eigentlich ein umgangssprachliches, nordamerikanisches Schimpfwort, das hier jedoch liebevoll gemeint ist. Im vorliegenden Fall bezeichnet es das offene Haus des messianischen Juden Joseph Finkelstein, in dessen Hauskirche sich u.a. ehemalige Hippies trafen (Anm. d. Verlags).

mich nicht zu stören. »Rose liest die Bibel«, sagten sie dann immer.

Ich sage hier immer, dass der Herr und ich in dieser Zeit wunderbare Flitterwochen miteinander verbrachten. Diese Monate des intensiven Bibelstudiums waren ein einziges, langes Fest. Je mehr ich las, desto fester wurde meine Überzeugung, dass Jesus genau der war, der er zu sein behauptete. Ich nahm seinen Tod als Sühne für meine Sünden an und weil er von den Toten auferstand, glaube ich, dass er wiederkommen wird, um alles Böse in Ordnung zu bringen, Frieden zu bringen, wo noch keiner ist, und alle Schmerzen aus unseren Herzen wegzunehmen.

Ja, ich habe Jeschua angenommen, nicht »obwohl« ich Jüdin bin, sondern gerade *weil* ich Jüdin bin, und er ist mein Messias. Mein jüdischer Glaube bedeutet mir jetzt umso mehr, weil ich entdeckt habe, dass Jesus die Erfüllung des *Tanach* ist, und ich ihn eingeladen habe, mich zu verändern und ihm ähnlicher zu machen.

Eine Sache erfuhr ich erst sehr viel später. Nach dem Essen im Haus der DeMoss-Familie und nachdem ich dort gebetet hatte, hatten Charlie, meine Kinder und ihre Freunde sich mit einer Gruppe Leute zusammengeschlossen und sich verabredet, dafür zu beten, dass ich erkennen möge, dass Jesus die Wahrheit ist. Inzwischen bin ich hin und wieder Menschen begegnet, die damals Teil dieser »Gebetskette« waren. Einige von ihnen sagten dann: »Du bist Rose Price? Du warst wirklich eine harte Nuss.« Ich muss dann immer lachen, weil ich weiß, dass es stimmt.

Eines Tages, nicht lange nach meiner Entlassung aus dem Krankenhaus, als ich gerade meine Kräfte wiedergewonnen hatte, luden einige enge Freunde, die während meines Krankenhausaufenthaltes für mich gebetet hatten, Charlie und mich in ihre mennonitische Gemeinde ein. Ich hatte damals nicht verstanden, weshalb sie für mich, eine Jüdin, beten wollten, hatte es aber dankbar angenommen. Wir waren in ihrer Gemeinde zu Gast und dann lud der Pastor mich ein, der Gemeinde mein »Zeugnis« zu erzählen. Ich hatte keine Ahnung, was er von mir wollte. Für mich war ein Zeugnis etwas, das man in der Schule erhielt. Ich wusste noch nicht einmal, wie man ein Mikrofon richtig anfasste. Ich war so durcheinander, dass ich meinte, ich müsse in Ohnmacht fallen.

Dann raunte Charlie mir zu: »Rose, erzähl ihnen einfach, was Gott für dich getan hat. Gott hat dir ein ›Zeugnis‹, eine Geschichte gegeben. Erzähl sie einfach!«

Also fing ich an zu erzählen. Anfangs müssen meine Worte noch ziemlich unklar gewesen sein, aber ich sprach einfach weiter, weil diese Freunde mich liebten, meine Familie und das Volk der Juden. Man stelle sich vor – mein jüdisches Volk wurde geliebt! Und so liebte ich im Gegenzug die Menschen in dieser Gemeinde.

Als wir nach Hause kamen, meinte Charlie, dass Gott mich gebraucht hätte. Ich verstand ihn nicht. Mich gebraucht? Er hatte Mose gebraucht, aber doch nicht mich.

»Rose, du hast einen Auftrag.«

»Einen was?«

»Ja, ich glaube wirklich, dass du diese Geschichte noch anderen erzählen solltest.«

An diesem Abend fiel ich vor Gott auf mein Angesicht und schrie zu ihm: »Wenn du willst, dass ich meine Geschichte erzählen soll, musst du mir beibringen, wie. Lehre mich, was ich sagen soll und wie ich es sagen soll.« Ich weiß nicht, wie viele Stunden ich so vor ihm lag, aber als ich mich letzten Endes erhob, wusste ich ohne auch nur den leisesten Zweifel, dass Charlie recht hatte. Ich hatte einen Auftrag.

Eine unzumutbare Bitte

Und so begann ich, vor Gebetskreisen und Gemeinden zu sprechen, denen ich die Geschichte von meinem Überleben erzählte, von meinem wiederhergestellten Glauben und meiner Überzeugung, dass Jeschua der Messias Israels ist. Diese öffentlichen Auftritte gehörten zu den ersten Gelegenheiten überhaupt, zu denen ich über meine Familie und den Holocaust sprach. Ich war selbst völlig überrascht, mit welcher Selbstsicherheit ich vor Menschenansammlungen sprechen und lehren konnte. Schließlich hatte ich seit meinem elften Lebensjahr keine Schule mehr besucht. Ich musste mich ganz und gar auf Gott verlassen, dass er mir die richtigen Worte eingab.

Mit der zunehmenden Zahl an Einladungen, bei solchen Veranstaltungen zu sprechen, wurde es auch bei uns zu Hause immer enger. Bis zu 22 junge Leute schliefen bisweilen bei uns und machten es sich bequem, wo sie nur Platz fanden.

Unser Haus war eine Art Zufluchtsstätte für Teenager geworden, deren Eltern abweisend auf ihren Glauben an Jeschua reagierten. Die Nachricht verbreitete sich schnell: »Bei Familie Price ist immer Platz für dich.« Das waren gute junge Leute, aber irgendwie wurde es nach und nach etwas zu viel.

Während sich all diese Dinge entwickelten, bemerkte ich, dass mir inzwischen ein gewisser Ruf vorauseilte. Wenn unsere Nachbarn auf dem Weg zur Synagoge an unserem Haus vorübergingen, wandten sie sich ab, so wie ich mich in Polen von der Kirche abgewandt hatte. Selbst alte Freude ignorierten mich, wenn wir uns auf der Straße oder im Supermarkt begegneten. Ich war nicht nur eine Unberührbare, ich war auch unsichtbar geworden.

Charlie war mir eine beständige und verlässliche Stütze. Schon bald, nachdem ich angefangen hatte, auf öffentlichen Veranstaltungen zu sprechen, musste er sich einer neuerlichen

Operation an beiden Knien unterziehen. Als Charlie dem Arzt erzählte, dass er sich in letzter Zeit schwach und müde gefühlt hatte, riet der Arzt ihm, in wärmeres Klima umzuziehen, zum Beispiel nach Florida. Er meinte, dass sich Charlies Gesundheit bei wärmerem Wetter bessern würde.

Ich war innerlich zerrissen. Endlich hatte ich das Haus so weit hergerichtet, dass es mir gefiel. Ich hatte alle Vorhänge selbst genäht, die Zimmer fertig eingerichtet und das ganze Haus eigenhändig gestrichen. Mein Heim war meine Zuflucht geworden. Aber als die Ärzte weiter darauf bestanden, dass Charlie, wenn wir nur in eine wärmere Gegend ziehen würden, noch zehn Jahre länger leben könnte, war mir klar, dass wir umziehen mussten.

Und so zogen wir im Jahr 1976 nach Florida. Ich redete mir selbst ein, dass wir ja nur vorübergehend umziehen würden. Nachdem wir uns in unserem neuen Zuhause eingerichtet hatten, fanden wir eine neu gegründete messianische Gemeinde. Aber ich war unglücklich. An manchen Morgen wachte ich schon um halb fünf auf, setzte mich ganz alleine auf unserer Veranda in meinen Schaukelstuhl und weinte. Eines Morgens trat Charlie vor die Tür und sah mich dort. Er wusste, dass ich litt.

»Also gut, wir packen alles wieder zusammen und gehen zurück nach Philadelphia«, sagte er. Es war mitten im Winter, und ich wusste, dass ihm das Klima schaden würde. Plötzlich erwachte ich aus meinem Selbstmitleid. »Nein, das werden wir nicht tun. Das ist jetzt unser Zuhause, und hier bleiben wir.« Als das endlich geklärt war, begann ich wieder, an verschiedenen Orten zu sprechen. Zwischendurch besuchten wir unsere Kinder, die in der Zwischenzeit nach Maryland gezogen waren. Unser Leben nahm langsam Gestalt an.

Eines Tages besuchte mich Sid Roth von *Messianic Vision*. »Rose, da wird es bald eine große Veranstaltung geben. Sie heißt ›Berliner Bekenntnistage‹. Das wird eine große Konferenz im Olympiastadion und Tausende werden dort sein. Ich glaube, du solltest eine der Rednerinnen auf der Konferenz sein. Ich habe den Organisatoren deinen Namen gegeben und sie werden sich mit dir in Verbindung setzen.« Er unterbrach sich, um auf meine Reaktion zu warten.

»Das ist ein schlechter Scherz, oder?«, brauste ich auf. »Ich werde auf gar keinen Fall zurück nach Deutschland gehen.« Sid bat mich, doch wenigstens darüber zu beten. Ein paar Tage später erhielt ich einen Anruf aus dem Organisationsbüro von »Berlin für Jesus«. Sie fragten mich, ob ich mir vorstellen könnte, zu der Veranstaltung zu kommen und dort über Vergebung zu sprechen.

»Ich kann unmöglich über Vergebung sprechen«, sagte ich zu Charlie. »Nicht nach all dem, was mir und meiner Familie dort in diesem Land angetan wurde.«

Ich ging zu unserem Gemeindeleiter und erzählte ihm, worum ich gebeten worden war. »Alle wollen, dass ich hingehe – Sid, Charlie, meine Kinder – aber ich kann doch nicht hingehen und über Vergebung sprechen, wenn ich den Deutschen nicht wirklich all das vergeben habe, was sie mir und den Menschen, die ich liebte, angetan haben.«

»Aber Rose«, redete er mir zu, »denk doch mal einen Augenblick über die andere Seite nach. Was, wenn du doch gehst? Was, wenn du doch vergeben kannst? Stell dir nur mal vor, was das für eine Heilung in dir bewirken würde.«

Doch ich konnte es mir immer noch nicht vorstellen. Der Zorn und die Bitterkeit über meine gestohlene Kindheit und den Mord an meiner Familie waren zutiefst in mein Herz eingegraben. Wenn ich über die Dinge nachdachte, die wir erlitten hatten, bekam ich allein bei dem Gedanken Magenschmerzen und all meine Muskeln verkrampften sich. Es war unangenehm, aber ich hatte mich daran gewöhnt. Das war mein Selbstverteidigungsmechanismus gegen schmerzhafte Erinnerungen.

Im Januar erhielt ich einen Brief von Volkhard Spitzer, dem Berliner Pastor, der für die Veranstaltung verantwortlich war. Er bat mich persönlich um mein Kommen. Die Veranstaltung sollte im Juni stattfinden. Nachdem ich lange darüber nachgedacht hatte, sagte ich zögerlich zu, aber ich war nicht mit dem Herzen bei der Sache. Ich konnte mir einfach nicht vorstellen, dass es wirklich passieren sollte. Ich dachte, dass ich ja immer noch Zeit genug hatte, wieder abzusagen, doch dann würden die Leute wenigstens sagen können, dass ich es zumindest versucht hatte.

Die folgenden sechs Monate waren ein einziger Kampf. Ich betete jeden Tag und jeden Tag spürte ich tief in meinem Inneren die Gewissheit, dass ich nach Deutschland gehen sollte. Allerdings weigerte ich mich einfach, diesem inneren Drang zu folgen. »Du Gott Abrahams, Isaaks und Jakobs, du weißt, was sie mir dort angetan haben. Bitte zwing mich nicht, dort wieder hinzugehen. Alles, nur nicht nach Deutschland. Bitte, schick mich irgendwo anders hin!«

Charlie versprach mir: »Ich werde immer bei dir sein. Ich weiche nicht von deiner Seite und werde dich beschützen.« Ich liebte ihn, aber ich wollte trotzdem nicht gehen. Ich war nicht nur zornig, sondern ich hatte auch Angst. »Es wird dir dort nichts Schlimmes passieren«, versuchten meine Freunde mich zu beruhigen. »Ihr habt ja keine Ahnung, wozu Menschen fähig sind!«, gab ich zurück.

Aber schließlich wurde es Juni und ich rief bei PanAm an, um mein Flugticket zu bestellen. Am nächsten Tag rief ich dort an und bestellte es wieder ab. So ging es einige Tage lang. Letzten Endes rief ich am Tag vor dem geplanten Abflug die Fluglinie an, aber dort wurde mir gesagt, wenn ich ein Flugticket haben wollte, müsste ich am folgenden Tag persönlich am Schalter vorbei kommen und bar bezahlen. »Ich glaube, Sie haben wohl jeden Rekord im Buchen und Absagen gebrochen«, lachte der Verkäufer im Reisebüro.

Die Strecke durch den Terminal war vermutlich die längste Meile meines Lebens. »Warum mache ich das nur?«, fragte ich mich immer wieder laut. »Ich habe mir doch geschworen, nie wieder zurückzugehen.« Der arme Charlie bekam das meiste meiner Anspannung und Nervosität ab. »Das ist alles deine Schuld«, warf ich ihm vor, als wir unsere Plätze im Flugzeug aufsuchten. Mit uns reisten vier weitere Leute. Sie glaubten ebenfalls an Jesus und hatten für uns gebetet, und nun wollten sie ebenfalls an dieser Veranstaltung teilnehmen. Eine von ihnen saß neben einem deutschen Passagier. Er wandte sich zu ihr und sagte etwas, doch da sie kein Deutsch verstand, bat sie mich, für sie zu übersetzen.

Seit meiner Ankunft in Amerika hatte ich mich geweigert, auch nur ein Wort Deutsch oder Polnisch zu sprechen. Das kam aus meinem Hass gegenüber dem Volk, das mich so verletzt hatte, und auch gegenüber dem Volk, das das zugelassen hatte. Ich sah den deutschen Passagier an. Blond, etwas untersetzt. »Er sieht aus wie ein Nazi«, dachte ich. Aber dann betete ich, dass Gott meine Vorurteile wegnehmen würde. Erst dann konnte ich für meine Freundin übersetzen. »Er möchte wissen, warum wir nach Deutschland reisen«, erklärte ich ihr. »Ich habe ihm gesagt, dass ich in Berlin sprechen werde, und er hat versprochen zu kommen.«

Dieses Gespräch hatte mich erschöpft und ich lehnte mich in meinem Sitz zurück. Als das Flugzeug abhob und es keinen Weg zurück gab, dachte ich zum ersten Mal daran, dass ich mir Gedanken machen sollte, was ich den Tausenden von Deutschen sagen würde, die zur Konferenz kommen würden. Ich legte mir einen Leitfaden zurecht. »Zuerst werde ich ihnen erzählen, was sie mir, meiner Familie, meinem Volk angetan haben. Dann werde ich sie fragen, wie sie so etwas tun konnten.« Aber ich kam nie über diesen Punkt hinaus und zur Vergebung.

Als wir im Anflug auf Frankfurt waren, wo wir in das Flugzeug nach Berlin umsteigen sollten, wurde mein Herz immer schwerer. Als wir gelandet waren, musste ich mich regelrecht zwingen, aufzustehen und in den Gang zu treten, um das Flugzeug zu verlassen. Ich warf keinen einzigen Blick aus dem Fenster. Als wir ausstiegen, erstarrte ich. Charlie und die anderen bemerkten nicht, dass ich nicht mehr bei ihnen war, und so stand ich einen Augenblick allein im Gang. Ich stand dort wie angewurzelt, während sich die Menschen um mich herumdrängten. Meine Füße wollten sich einfach nicht bewegen. Plötzlich war ich wieder dort; die Türen der Viehwaggons wurden aufgestoßen, die Dunkelheit, der Auswahlprozess bei der Ankunft, die Schreie, als Familien auseinandergerissen wurden, die Öfen.

Als mein Mann und die anderen merkten, dass ich nicht mehr bei ihnen war, liefen sie schnell zurück. Doch Angst hatte mein Herz überwältigt, sodass sie mich den Gang entlang zu einem Stuhl zerren mussten. Ein Mann trat zu uns. Er sei Arzt. Sobald ich diese Worte auf Deutsch hörte, fauchte ich: »Schafft ihn mir vom Hals! Ich hab genug von deutschen Ärzten!« Aber kein Wort kam über meine Lippen. In mir hallte ein stummer Schrei. Letzten Endes brachte ich heraus: »Lassen Sie mich in Ruhe!« Meine Freunde baten das Bodenpersonal der Fluglinie, uns das Flugzeug vor den anderen Passagieren besteigen zu lassen. Sobald wir saßen, brachte mir jemand etwas zu trinken und sprach auf Englisch auf mich ein. Die Erinnerungen wurden zurückgedrängt und ich befand mich nicht länger in den Lagern, wie es nur wenige Augenblicke zuvor der Fall gewesen war. Die Motoren des Flugzeugs sprangen an und wir sausten die Startbahn entlang in Richtung Berlin.

Im Auge des Sturms

Nach unserer Landung in Berlin wurden wir bereits am Gate von einem jungen Mann erwartet, der mit einer kleinen Glocke läutete und ein großes Schild mit der Aufschrift »Rose Price« hochhielt. Wie sehr sich dieser Empfang doch von meiner letzten Ankunft in Deutschland unterschied! Der Mann begleitete Charlie und mich zu einem wartenden Auto. Als das Auto anfuhr, rief ich in einem Anflug von Melodramatik meinen zurückbleibenden Freunden zu: »Wenn wir uns nicht wiedersehen, wisst ihr, dass Deutschland mich endlich doch noch umgebracht hat!«

Wir fuhren vor dem Hotel vor, in dem wir untergebracht waren. Es war eines der großartigsten Hotels in ganz Berlin. In der Lobby herrschte hektische Betriebsamkeit. Viele sehr bekannte Christen waren bereits angekommen, darunter Pat Boone und Pat Robertson, mit dem ich bereits in der Fernsehreihe »Club 700« aufgetreten war. In dem Gewirr erblickte ich auch den Astronauten Charles Duke. Ich erkannte auch einige jüdische Gläubige wie Sid Roth und Sandra Sheskin Brotman. Ich konnte mich nicht entspannen. Die Frage, mit der ich mir seit Monaten das Hirn zermarterte, kreiste beständig in meinem Kopf, selbst als Charlie und ich die anderen begrüßten: »Warum tue ich das?«

Wir hatten alle das Gefühl, von einem gemeinsamen Ziel geeint zu sein. Wir wollten in der Hauptstadt dieses Landes, in dem bereits vor dem Krieg die Mehrheit der Menschen Gott nicht gekannt hatte und das während des Krieges in immer schlimmeres Übel versunken war, dazu beitragen, dass Menschen zur Erlösung fanden. Während der gesamten Woche schien ganz Berlin im Zeichen der »Berlin für Jesus«-Veranstaltungsreihe zu stehen. Überall konnte man die Schilder, Plakate und Banner sehen. An strategischen Orten in der Stadt wurden

Anspiele und kleine Theaterstücke aufgeführt. Die Menschen in diesem Macht- und Wirtschaftszentrum wurden eingeladen, sich Gott zuzuwenden.

An einem Tag kamen Charlie und ich auf unserem Weg durch Berlin an einer großen Kirche vorbei, deren Pastor wir in diesen Tagen kennengelernt hatten. Dort sahen wir eine Gruppe von jungen Leuten, die mit ihrem knallbuntem Irokesenschnitt und ihrer extravaganten Kleidung eher an Hippies aus den 60er-Jahren erinnerten, die auf sehr respektlose Weise die Passanten nachäfften. Ich war von ihrem Verhalten absolut schockiert, vielleicht auch, weil in meiner Jugend in Europa Respekt für die ältere Generation völlig selbstverständlich und zutiefst in unserem Leben verankert gewesen war.

»Wer von euch spricht hier Englisch?«, wollte ich wissen. Sie alle. Dann fragte ich, wie sie andere so leichtfertig beleidigen konnten.

»Was wissen Sie schon?«, entgegnete mir einer von ihnen sarkastisch, der als Sprecher der Gruppe auftrat. »Wissen Sie überhaupt, was heutzutage in Deutschland los ist?«

»Nein, ich bin Touristin.«

»Wie können wir die ältere Generation respektieren, nach allem, was sie getan haben und jetzt vollkommen ignorieren? Lesen Sie mal was über europäische Geschichte. Wir wissen ganz genau, was hier los war.«

Ein anderer sprang auf und schleuderte mir wütend entgegen: »Mein Großvater war ein Nazi! Wissen Sie überhaupt, was das bedeutet? Wie könnte ich ihn respektieren?«

Ob ich wüsste, was Nazis waren? Ich musste mir auf die Zunge beißen, um nicht herauszuplatzen. Aber mit einem Mal erwachte ein Gefühl der Barmherzigkeit für diese jungen Leute in mir. Jeder dieser jungen Deutschen verabscheute das, was sein Vater oder Großvater getan hatte. Vielleicht drückten sie es durch ihre Kleidung und ihr Verhalten so aus, dass es für einen amerikanischen Beobachter verwirrend sein mochte und eine Beleidigung für die Sitten der modernen Mittelklasse in Deutschland war, aber sie trugen das Herz und ihre Werte am rechten Fleck. Ich konnte ihnen nicht befehlen, die ältere Generation zu respektieren, aber ich wusste – und das sagte ich ihnen auch –, dass Respekt immer ein wichtiger Bestandteil von gerechtem Zorn ist. Ich lud sie für den folgenden Sonntag ins Olympiastadion ein, da ich dort sprechen würde. Langsam wurde mir klarer, weshalb ich nach Berlin gekommen war.

Endlich war es so weit und der Sonntag kam. Wir alle machten uns auf ins Olympiastadion, in diese riesige Anlage, die Hitler für die Olympischen Spiele im Jahr 1936 erbauen ließ, um dort ein Schauspiel der teutonischen Überlegenheit zu bieten. Das war der Ort, an dem der Afroamerikaner Jesse Owens sechs Goldmedaillen gewann und dadurch Hitlers Theorie einer deutschen Herrenrasse ad absurdum führte. Und genau an diesem Ort sollte am Versöhnungstag im Jahr 1981, zum Höhepunkt der Woche, eine Jüdin, die eigentlich schon todgeweiht und zur Vernichtung bestimmt gewesen war, vor 37 000 Deutschen über Liebe und Versöhnung sprechen. Ich saß zusammen mit den anderen Gastrednern in der ersten Reihe auf der Bühne. Dabei wurde ich von zwei großen Kerlen von den *Cops for Christ* (Polizisten für Jesus) flankiert, die darum gebeten hatten, rechts und links von mir sitzen zu dürfen.

Gegen zehn Uhr morgens zog sich der Himmel zu und drohende, schwarze Wolken türmten sich auf. Ich konnte den Sturm bereits riechen und kramte in meiner Reisetasche nach Regenmantel und Schirm. Das Stadion hatte schließlich kein Dach. »Bitten Sie doch den Cheftechniker, das Mikrofon zu erden, einfach nur zur Sicherheit«, bemerkte ich zu einem der Polizisten an meiner Seite.

Aber das Wetter hielt und es regnete nicht. Ich hörte aufmerksam zu, als ein Ire sprach und die Einheit unter den Völkern anmahnte, besonders aber zwischen Irland und Nordirland. Dann folgte eine Reihe von anderen Männern, die über Versöhnung sprachen, und endlich, ganz zum Schluss, war ich an der Reihe.

Ich erinnere mich nicht mehr daran, wie mein Name aufgerufen wurde. Mit einem Mal wurde mir bewusst, dass ich vorne am Mikrofon stand und Tausende von Menschen mir zugewandt waren und mich anstarrten. Ich hielt meine Bibel und meine Notizen fest an mich gedrückt.

Ich öffnete den Mund, um den Deutschen alles vorzuhalten, was sie mir angetan hatten. Ich wollte ihnen von »Lagerarrest« und dem Gefängnisbunker erzählen, wo alle Hinrichtungen, Auspeitschungen und andere Folterarten routinemäßig durchgeführt wurden. Ich wollte ihnen von Dr. Sigmund Raschers Block Fünf erzählen, der auf Unterdruck- und andere Belastungsexperimente spezialisiert war, oder von den Experimenten eines Dr. Claus Schilling, der Gefangene mit Malariaerregern infizierte. Ich wollte ihnen vom SS-Hauptbüro für Wirtschaftsverwaltung erzählen, einem sehr harmlosen Namen für das Amt, das die Oberaufsicht über die Bestellung und den Bau der Gaskammern hatte.

Im Flugzeug hatte ich mir einen groben Leitfaden dessen, was ich sagen wollte, auf einen Notizzettel gekritzelt. Da stand alles auf diesem Fetzen Papier. Und dennoch fand ich nicht die richtigen Worte, um es auszudrücken.

Diese erwartungsvollen deutschen Gesichter erstreckten sich vor mir wie ein sommerliches Mohnblütenfeld, das nur darauf wartete, abgemäht zu werden. Innerlich brodelten immer noch Rachegedanken in meinem Herzen. »Wenn ich jetzt nur ein Maschinengewehr hätte, könnte ich zumindest die ersten drei Reihen niedermachen.«

Ich wandte mich zu meinen Freunden in der ersten Reihe: »Ihr müsst für mich beten«, sagte ich laut. Charles Duke, der

Astronaut, und Pat Robertson kamen nach vorne und stellen sich neben mich. Im Angesicht aller Versammelten beteten wir gemeinsam. Mir drehte sich fast der Magen um und mein ganzer Körper bebte sichtlich. Ich betete: »Gott, gib mir Kraft. Lass mich dich sehen, nicht die Nazis.« Als ich meine Augen über die Menge schweifen ließ, hätte ich schwören können, Hitlers Gesicht erkannt zu haben. Ich presste mir die Hand auf den Mund und Pat Robertson betete so lange weiter für mich, bis ich in der Lage war, erneut aufzublicken; da war auch das Bild verschwunden.

Mit einem Mal sprang eine Frau auf und kam den Mittelgang entlang auf mich zugerannt. Dabei schrie sie, winkte heftig und zeigte ständig auf etwas. Helfer vom Sicherheitsdienst hielten sie fest, aber sie schrie immer weiter und zeigte mit ausgestrecktem Arm.

Dann standen plötzlich alle auf, die ganze versammelte Menge, Abertausende von Menschen. Auch sie schrien und winkten und zeigten alle in die gleiche Richtung. Sie sprangen auf und jubelten; schließlich wandte auch ich mich um, um nachzusehen, was sie so in Aufregung versetzte.

Sie wiesen alle von mir aus gesehen auf die rechte Seite, wo bei den Olympischen Spielen das Feuer gebrannt hatte. Dahinter flatterten amerikanische und israelische Fahnen im Wind. Die israelische Flagge war mitten in dem Olympiastadion aufgerichtet worden, in dem Hitler sein Tausendjähriges Reich verkündet hatte.

Dahinter stand der schönste Regenbogen am Himmel, den ich jemals gesehen habe. Es war ein doppelter Regenbogen, der sich in Form eines Kreuzes überschnitt. Nie zuvor oder danach habe ich jemals so etwas gesehen.

In diesem Moment wusste ich, Gott war mit mir, und ich wusste, dass ich es schaffen würde, weiterzumachen. Ich hielt das Papier mit meinen vorbereiteten Notizen in der Hand, aber als ich dann sprach, kam nichts davon über meine Lippen. Stattdessen hörte ich, als ich meiner eigenen Stimme lauschte, Worte der Barmherzigkeit, nicht der Verdammnis. Es war mir beinahe, als hörte ich dem Vortrag einer anderen zu. Die Botschaft war derart, dass nur Gott allein durch mich gesprochen haben konnte.

Nichts in mir wollte vergeben oder vergessen, was mir widerfahren war. Aber ich merkte, dass ich *tatsächlich* von Vergebung und Verständnis sprach. »Nicht ihr, die ihr heute hier sitzt«, sagte ich ihnen, »sondern eine andere Generation von Deutschen verfiel der Lehre von Hass und Tod. Das Volk der Deutschen – das Volk der Bildung mit den größten Errungenschaften im Bereich der Medizin, Wissenschaft und der Künste – wurde zu den schlimmsten Mördern der Welt.«

Ich blickte auf diese riesige, unüberschaubare Menge von Gesichtern hinunter, die meisten von ihnen viel jünger als ich selbst, und dann erzählte ich von einigen der Dinge, die mir in den Lagern angetan worden waren. Und dann sagte ich: »Aber die Liebe Gottes ist so groß, dass er all das vergibt. Er vergibt eurem Land. Er vergibt euch. Und er liebt euch. Er liebt euch so sehr, dass er sogar bereit war, sich foltern, quälen und umbringen zu lassen, um es zu beweisen. Wenn er in der Lage ist, mir in meiner Rebellion zu vergeben und euch in eurer, dann kann auch ich euch vergeben. Durch seine Gnade vergebe ich euch. Ich danke Gott, dass ich hier an diesem Ort stehen darf, und ich vergebe euch alles.«

Im Olympiastadion in Berlin bei den »Berliner Bekenntnistagen« 1981

Ich setzte mich auf meinen Platz und schloss die Augen. Ich konnte hören, wie der Pastor vorne am Mikrofon weinte. Als er sprach, sagte er nur: »Rose, Rose, sieh dir nur die Leute an!« Ich blickte auf und sah, dass sie alle aufgestanden waren und klatschten. Der Pastor bat mich, ans Mikrofon zurückzukehren, aber ich konnte es nicht. Ich blickte auf zum Himmel und sprach mit meinem Gott. »Ich wollte es ja nicht tun, Herr, aber du hast mir wieder einmal die nötige Kraft geschenkt.«

Doch wie sich herausstellte, sollte das nicht meine letzte Prüfung für diesen Tag sein. Als ich meine Augen wieder öffnete, sah ich sechs Männer den Gang entlangkommen, einer nach dem anderen. Sie kamen nach vorne an die Bühne und erklärten, sie seien alle ehemalige Nazis. Sie baten mich, zu ihnen herunterzukommen und ihnen so zu vergeben, wie ich es von der Bühne aus getan hatte.

Das war eine Prüfung meines Glaubens, wie ich sie mir nie zuvor hätte vorstellen können. Ich hatten eben erst Tausenden Vergebung zugesprochen; allerdings war es weitaus schwieriger, einem einzelnen, ehemaligen Nazi gegenüberzustehen und ihm zu vergeben.

Doch das war genau, was ich tat. Ich stieg die Treppen hinunter, ohne mir darüber im Klaren zu sein, was ich tat. Ich stand mitten im Stadion, sah den ersten Mann an und sprach ihm Vergebung zu. Ich weiß ganz genau, dass ich am Tag zuvor noch nicht in der Lage gewesen wäre, diese Worte auszusprechen.

Ein weiterer Mann trat auf mich zu und erklärte, früher Wächter in Dachau gewesen zu sein. Er kniete vor mir nieder und bat mich um Vergebung. Selbst in diesem Augenblick spürte ich noch die Versuchung, ihm den Hals umzudrehen. »Ich könnte ja einfach nur einen einzigen umbringen«, dachte ich. Aber als meine Hände sich ihm näherten, hörte ich mich fragen: »Haben Sie Jesus schon um Vergebung gebeten?«

»Ja«, war seine Antwort.

Da konnte ich nicht weiter hinauszögern, dass er Frieden fand. Ich vergab ihm alles, was er meiner Familie und mir angetan hatte.

Der Rest des Tages erschien mir wie ein Traum. Der Strom an Rednern und Musik dauerte bis in die Abendstunden an. Das Flutlicht wurde eingeschaltet. Ich saß zwischen meinen beiden Polizisten und lauschte anderen, die ihre Geschichten erzählten. Dabei ließ ich mich davon bewegen und heilen und ich konnte spüren, wie sich die Bitterkeit genau an dem Ort immer mehr auflöste, an dem sie früher über uns ausgeschüttet worden war.

Wieder vereint

Ich kehrte nach Florida zurück und im Laufe des folgenden Jahres wurde ich an viele Orte eingeladen, um dort über Vergebung zu sprechen. Ich sprach in Gemeinden, in öffentlichen Versammlungsräumen, an Schulen. Ich sprach vor allem gerne mit Schülern der Oberstufe, denen ich von meinen Erlebnissen vor vierzig Jahren erzählte und davon, wie mich das Wort Gottes aus einer Zeit der Finsternis herausgeholt und in ein wunderbares Licht gebracht hatte.

An einem Nachmittag war ich soeben erst vom Einkaufen zurückgekehrt, als meine Tochter Miriam mich anrief. »Hallo Schatz«, begrüßte ich sie, »wie geht's dir?«

Am anderen Ende der Leitung entstand eine Pause, dann sagte sie: »Mama, ich habe ihn gefunden.«

Ich wusste sofort, von wem sie sprach – von meinem Sohn Meyer. Seit ihrer Teenagerzeit hatten sie und ihre Geschwister nach dem Bruder gesucht, den sie nie gekannt hatten.

Ich musste mich setzen, während Miriam mir erklärte, dass sie eher durch Zufall auf ihn gestoßen war, und dass es ihr gelungen war, ihn zu einem Besuch in Florida zu überreden. Als ich das hörte, vermischte sich in meiner Brust das Gefühl der Freude mit dem Schmerz der Jahre der Trennung von meinem Baby, meinem Meyer.

Meine Tochter Miriam mit ihren beiden Töchtern Jaffa und Natanya

Als wir uns alle am Flughafen versammelt hatten, waren wir ein recht beeindruckendes Empfangskomitee: meine Schwester Sarah mit ihrem Ehemann Sam, meine Kinder, Charlie und ich. Damals war es noch so, dass die Passagiere immer erst eine Treppe heruntersteigen mussten, die an das Flugzeug geschoben wurde. Mein guter Charlie, stets der große »Organisator«, hatte der Fluglinie erklärt, um was für ein besonderes Ereignis es sich hier handelte, und so durften wir direkt bis ans Flugzeug kommen und mussten nicht in der Ankunftshalle warten. Ich war also zur Stelle, als mein Meyer aus dem Flugzeug trat, um die Treppe herunterzusteigen.

Ich wusste sofort, dass er es war. Und auch er wusste, wer ich war, als er seine Augen über die kleine Menschenansammlung am Flugzeug schweifen ließ. In dem Augenblick, als er den Fuß auf das Rollfeld setzte, liefen wir bereits aufeinander zu, fielen uns in die Arme und weinten. »Ich bin deine Mutter«, stieß ich unter Tränen hervor. Ich sah und hörte nichts mehr um uns herum. In diesem Augenblick war sonst nichts mehr von Bedeutung, nur dass ich mein Kind wiederhatte.

Bald darauf, als wir gerade noch dabei waren, uns wirklich kennenzulernen, wurde Meyer todkrank. Er starb einige Jahre später. Es ist schrecklich, ein Kind zu verlieren, aber gleichzeitig bin ich unendlich dankbar, dass ich ihn doch noch wiedersehen durfte.

Aus Candies Ehe gingen drei wunderbare Kinder hervor. Voller Freude beobachteten wir, wie sie aufwuchsen. Ihr Teenageralter war einfacher für mich als das meiner eigenen Kinder. Meine Kinder ziehen sich bis heute noch gegenseitig auf und manchmal streiten sie auch. Das ist meine Familie. Ich danke Gott jeden Tag, dass ich überlebt habe und dass Charlie und ich diese Familie hervorbringen durften.

Dann hatte Charlie eines Tages einen weiteren Herzinfarkt. Er wurde sofort ins Krankenhaus gebracht. Die Ärzte sagten, er bräuchte einen Bypass. Ich hatte noch nie zuvor von einer derartigen Operation gehört. Es war damals eine ganz neue Technik. Wenn Charlie die Bypass-Operation nicht machen lassen würde, wäre er innerhalb eines Jahres ein toter Mann, sagten sie uns. Ich war etwas nervös, aber nachdem Charlie und ich darüber gesprochen hatten, beschlossen wir, die Operation durchführen zu lassen.

Als sie ihn aus dem Operationssaal schoben, sah er schrecklich aus. Seine Haut war gelblich-grau und sie hatten ihn an unzählige Schläuche und Maschinen angeschlossen. Sein Körper konnte keine Funktion mehr selbstständig durchführen.

Eine Maschine atmete für ihn, eine andere gab ihm den Herz-schlag vor, eine gab ihm Nahrung, eine weitere führte ihm Medikamente zu. Er schlief immer weiter. Ich versuchte jeden Tag, ihn zu wecken, aber es war vergeblich. Die Ärzte sagten, er würde noch eine ganze Zeit lang schlafen, aber es gehe ihm gut und ich könne ihn bald mit nach Hause nehmen. Einmal fiel mein Blick auf sein Bein. Sie hatten ihm genug Venen entnom-men, um einen vierfachen Bypass durchzuführen. Sogar wäh-rend er schlief, konnte ich die Schmerzen an seinem Gesicht ablesen.

Nach einigen Wochen verlegten sie ihn von der Intensivsta-tion auf eine Normalstation. Inzwischen war er bereits einen Teil des Tages wach, aber die Schmerzen waren auch stärker. Die Wunde in seiner Brust heilte nicht richtig zu und sein gan-zer Körper war von Arthritis durchsetzt. Da halfen auch kei-ne Medikamente mehr, ganz gleichgültig, wie hoch sie dosiert waren. Er litt ununterbrochen Schmerzen. Dieser Mann, der früher noch nicht einmal Aspirin genommen und der eine Wur-zelbehandlung beim Zahnarzt ohne jedes Betäubungsmittel überstanden hatte, bekam nun rund um die Uhr Schmerzmittel eingeflößt.

Ich kam jeden Morgen ins Krankenhaus und wartete an seinem Bett, bis er aufwachte. Dann blieb ich bis nach Mitter-nacht, ging nach Hause, fiel ins Bett und war am nächs-ten Morgen wieder an seiner Seite. Das ging über einen Monat so.

Eines Morgens nahm die Krankenschwester mich bei-seite. »Ihr Mann lässt sich nicht von mir waschen. Er besteht darauf zu duschen,

Candies Familie

aber das schafft er nicht allein. Ich habe angeboten, mit ihm in die Dusche zu gehen, aber das hat er strikt abgelehnt.«

Ich lächelte. »Ich kümmere mich um ihn«, sagte ich.

Ich betrat sein Zimmer. »Rosie«, begrüßte er mich mit einem süßen Lächeln. »Würdest du mit mir in die Duschkabine kommen?« Also standen wir dort zusammen unter dem warmen Regen der Dusche, mein Mann und ich. Ich brach in Tränen aus, als ich all die Schnitte und Narben an seinem Körper sah. Ich hielt ihn eng an mich gedrückt und stützte seinen inzwischen gebrechlichen Körper. Dann trocknete ich ihn ab, puderte seinen ganzen Körper und zog ihm saubere Kleider an. Es juckte ihn überall ganz fürchterlich, weil man ihn vor der Operation am ganzen Körper rasiert hatte und nun die Haare langsam anfingen nachzuwachsen. Durch das Jucken und all die sonstigen Schmerzen war der Mann ein einziges Häufchen Elend.

Endlich ließen ihn die Ärzte nach Hause gehen. Aber der Mann, den ich nun nach Hause brachte, war nicht mehr der gleiche lebenslustige, humorvolle Charlie. Er war sehr schwach und ich musste ihm täglich 45 Tabletten und Pillen geben! Ich schüttete sie immer auf ein Backblech und teilte sie dann in kleine Häufchen. Einige gab es gleich nach dem Aufwachen, andere im Laufe des Vormittags, diese hier waren für den frühen Nachmittag, die anderen gab es vor dem Abendessen und die letzten vor dem Schlafengehen. Mein Backblech sah aus wie ein bunter Flickenteppich. Kleine Pillen, große Pillen, Kapseln. Er konnte ohne die Tabletten nicht überleben, aber trotzdem brachten sie ihn langsam um. Schmerz war sein ständiger Begleiter und machte ihm immer mehr zu schaffen.

Das ging mehrere Jahre lang so. Trotz alledem ermutigte er mich immer weiter, meinen Dienst beizubehalten, und er begleitete mich, wenn ich irgendwo in der Nähe eingeladen war.

Im Jahr 1985 erhielt ich wieder einmal einen Anruf aus Deutschland. Arie ben Israel, ein Jude, der an Jesus glaubte und der selbst immer wieder über Buße und Versöhnung in Deutschland predigte, bat mich, nach Nürnberg zu kommen, wo eine Versöhnungsveranstaltung stattfinden sollte.

Ich wollte Charlie jedoch nicht alleine lassen. Arie entschuldigte sich, aber er konnte es sich nicht leisten, den Flug für uns beide zu bezahlen. Aufgrund der hohen Kosten für Medikamente und Ärzte waren wir ebenfalls nicht in der Lage, die Kosten für den zweiten Flug zu übernehmen.

»Geh nur, Rosie«, meinte Charlie. »Ich möchte, dass du gehst.«

An Bord des Flugzeugs bemerkte ich zu meiner Platznachbarin, einer deutschen Dame, die ihre Kinder besuchen wollte: »Ich kann es noch gar nicht fassen, dass ich wieder nach Deutschland zurückkehre – und dann auch noch ausgerechnet nach Nürnberg.« Ari, den ich bereits kurz bei der Veranstaltung in Berlin kennengelernt hatte, holte mich am Flughafen ab. Auf dem Weg zum Hotel erzählte er mir ein wenig von sich selbst. Von diesem Augenblick an hatte ich das Gefühl, einen weiteren Sohn gefunden zu haben.

Die Veranstaltung stand unter dem Motto: »Versöhnung und Verstehen«. Nürnberg kämpfte darum, sich mit seiner Vergangenheit auszusöhnen. Am ersten Tag begannen wir mit einer Parade über fast sieben Kilometer, die mitten durch die Stadt führte. Es war ein Schweigemarsch. Es gab weder eine Blaskapelle noch grell gekleidete Tänzer, nur schweigende Männer, Frauen und Kinder. Aufgrund der Dinge, die ich in Bergen-Belsen mitgemacht hatte, war ich nicht mehr in der Lage, längere Strecken zu laufen; daher hatte Ari ein Auto mit Fahrer besorgt, das mich direkt zum Stadion brachte.

Ich saß auf der Rückbank des Autos und beobachtete all die Menschen durch das Fenster. Plötzlich kam hinter einer Kurve die größte Israelfahne zum Vorschein, die ich jemals gesehen hatte. Ich fing an zu weinen. Schließlich war Nürnberg die

Lieblingsstadt Hitlers gewesen. »Was für einem wunderbaren Gott dienen wir!«, dachte ich noch.

Ich saß da und ließ die Parade an mir vorüberziehen. Die Menschen trugen große Banner mit Aufschriften wie:

Israel, vergib uns unsere Gräueltaten!
Die Kirche hat geschwiegen, jetzt reden wir ...
Wir segnen Jerusalem.

Ich las diese Banner mit Tränen in den Augen und hätte den ganzen restlichen Tag so in meinem Träumen versunken verbringen können, aber ich wusste, dass wichtige Dinge auf mich warteten. Wir fuhren zum Zeppelin-Platz, auf dem in den Filmen der Nazi-Wochenschauen die Menschen an Hitler vorübermarschierten, der etwa acht Stockwerke über ihnen thronte. Als wir schließlich zum Stadion kamen, stieg ich aus dem Auto und trat auf die Polizeieskorte und meinen Fahrer zu. Ich streckte dem Polizisten die Hand entgegen, wie es in Deutschland üblich ist.

»Sind Sie die amerikanische Rednerin?«, wollte er wissen. Ich bestätigte das. »Nun, ich hätte gerne ein Autogramm für meine Kinder. Sie marschieren in der Parade mit und ich wollte, dass sie sich an diesen Tag erinnern, und dass sie wissen, wer Sie sind.« Ich erfüllte seine Bitte gerne. Er hielt mir ein Programm entgegen, auf dem ich unterschrieb.

So zügig ich konnte, erklomm ich die Stufen zum Podium. Es war einfach bewegend zu sehen, wie die Menschen aus der Innenstadt ins Stadion geströmt kamen und wie die israelische Fahne über ihnen im Wind wehte. Ein warmes Gefühl machte sich in meinen *Kischkes*, in meinem Bauch, breit.

Die Musik setzte ein und die Redner wurden ans Mikrofon gerufen. Neben mir saß eine Frau namens Paula, die mir von einigen der schrecklichen Experimente erzählte, die Dr. Mengele an ihr durchgeführt hatte. Ich wurde von meinen Gefühlen überwältigt und fing an zu weinen. Ich bat Ari, sie vor mir ans Mikrofon zu lassen. Ich brauchte Zeit, um mich wieder zu fassen. Dann hörte ich meinen Namen. Als ich nach vorne ans Mikrofon ging, trat der Bühnenmanager mit ernstem Gesicht auf mich zu. »Mrs Price, bitte sehen Sie nicht auf den Boden.«

Und so sah ich natürlich erst recht auf den Boden und erblickte dort in den Stein die Worte eingemeißelt: »Sieg Heil«. Das war genau die Stelle, an der Hitler gestanden hatte, erklärte er mir. Ich wischte meine Füße an den Worten ab, als ich mit meiner Ansprache begann. Viele Gedanken gingen mir durch den Kopf. Unter anderem musste ich auch an das denken, was Paula mir soeben erzählt hatte. Ich kann mich aber nur an meine Schlussworte erinnern: »Gottes Liebe und Vergebung«.

Das Wetter, das die ganze Zeit schon mit finsteren Wolken drohend über uns gehangen hatte, wurde nun wirklich schlecht. Dichter Eisregen ging über uns nieder. Da er mit Schnee vermischt war, fiel die Temperatur derart, dass die Kälte selbst die dicksten Jacken durchdrang. Ich stand immer noch auf der Bühne, als Ari in Begleitung eines großen Mannes auf mich zutrat. »Rose, ich möchte Ihnen gerne diesen Mann vorstellen. Er stand genau an dieser Stelle neben Hitler persönlich. Er war verantwortlich für die Hitlerjugend und alle anderen deutschen Jugendorganisationen. Er hat zum Glauben an Jesus gefunden und dem Nationalsozialismus abgeschworen.«

Mir blieb der Mund offen stehen. Der Mann sah auf mich herunter und fiel an genau der Stelle vor mir auf die Knie, an der er neben Hitler gestanden hatte, und er bat mich vor aller Augen im Stadion um Vergebung. Es war das öffentlichste Sündenbekenntnis, das ich je gesehen habe. Sein Gesicht war tränenüberströmt, als er um Vergebung bat. Wie auch in Berlin zuvor beugte ich mich herunter, sprach Worte der Gnade aus und versuchte, ihn wieder auf seine Füße zu ziehen. Als dieser

Goliath aufstand und mich in die Arme schloss (und ich bin nicht gerade eine kleine Frau), versank ich in seinen Armen an seiner Brust. Ich konnte spüren, wie in dieser Umarmung die Heilung in mir fortschritt. Der Regen ließ nach und die Musiker kamen auf die Bühne zurück, um ihr Konzert zu beenden.

Am folgenden Tag erhielt ich die Einladung zu einem Treffen mit Mutter Basilea Schlink. Ich war ganz aufgeregt und fühlte mich sehr geehrt. Erst wenige Wochen vor meiner Reise hatte mir jemand ein Buch von ihr geschenkt. Auch wenn sie selbst keine Jüdin war, hatte sie während des Krieges in Deutschland gelebt und war von den Nazis ständig schikaniert worden, weil sie ihre Liebe zu den Juden offen zum Ausdruck brachte. Ihr Leben war täglich in Gefahr, da sie oft ins Nazi-Hauptquartier zitiert wurde. Aber sie lehrte weiterhin, dass die Machenschaften der Nazis falsch waren und dass Jesus selbst Jude gewesen war. Ari brachte mich zum Zug nach Darmstadt, irgendwo zwischen Nürnberg und Frankfurt. Nach meiner Ankunft wurde ich sofort in ein wartendes Auto begleitet und man brachte mich nach »Kanaan«, mitten in Darmstadt. Als ich hinter den Toren, die zur Stadt führten, aus dem Auto stieg, warteten bereits einige Schwestern auf mich, um mich zu begrüßen. Sie behandelten mich wie die Königin von Saba.

Ganz offensichtlich genossen sie es auch, mich in den heilenden Balsam ihrer Liebe einzuhüllen. Und dennoch waren alle diese Frauen Deutsche. Das war eine große Offenbarung für mich – diese Leute liebten mich unter anderem auch gerade deshalb, *weil* ich Jüdin war.

Ich wurde auf mein Zimmer geführt und bekam Ruhe »verordnet«. Ich saß da mit einer Tasse heißen Kräutertee und knabberte Brot, Kekse und Käse. Später am Abend traf ich mich mit den Schwestern zu einem ruhigen Abendessen.

Am folgenden Tag wurde ich nach dem Frühstück über das »Kanaan-Gelände« geführt. Mutter Basilea hatte Kanaan als

Kopie Israels entworfen und entwickelt. Jeder Berg, die Autobahnen und jede Straße war ein genaues Abbild von Israel. Wir gingen an diesem Tag auf dem Gelände spazieren, beteten auf dem Berg der Seligpreisungen und im Leidensgarten. Ich erfuhr, dass diese Frauen ein Leben des beständigen Gebets führen. Schlichtheit und Gebet sind ihre Lebensgrundlage. Eine Grundlage, die ich bisweilen vergesse. Sie bauen ihre ganze Nahrung selbst an und geben davon noch an die Armen ab.

Dreieinhalb Tage lang ging ich spazieren, weinte und erlebte innerliche Reinigung. Sie baten mich sogar, in ihrer Kirche zu sprechen. Bei alledem hatte ich Mutter Basilea noch nicht getroffen. Nach drei Tagen hörte ich dann beim Mittagessen, dass Mutter Basilea mich zu sehen wünschte.

Man führte mich in einen Raum und ließ mich dort allein. Dann öffnete sich eine Tür und eine Schwester führte eine kleine Frau herein. Sie war sehr schmal und machte einen gebrechlichen Eindruck. Sie trat auf mich zu und kniete vor mir nieder. Ich war nicht in der Lage, ihr ins Gesicht zu sehen. Es strahlte buchstäblich. Sie strahlte eine Ruhe und Frieden aus, wie ich es noch nie bei einem Menschen gesehen hatte.

»Rose, vergeben Sie mir und meinem Volk, was wir Ihnen angetan haben«, bat sie leise. Sie bat um Vergebung, weil sie deutscher Abstammung war. Ich sah sie an und wir umarmten uns. »Mutter, bitte vergeben Sie mir«, sagte ich. »In meinem Zorn habe ich Ihre Nation gefangen gehalten.«

Wenn wir nicht vergeben, sperren wir Menschen oder ganze Länder in ein Gefängnis. Aber wir stecken selbst im gleichen Gefängnis. Wenn wir einander vergeben, so wie sie und ich es taten, kommen wir beide in die Freiheit.

Ich weinte während unserer ganzen Begegnung. Als ich mich wieder gefasst hatte, kehrten wir in den Speisesaal zurück. »Wissen Sie, Rose«, erzählte Mutter Basilea, »zu Weihnachten nach dem Krieg setzte ich mich zusammen mit einigen Schwestern hin und wir schrieben Gebetsanliegen auf. Ich betete darum, einer Person zu begegnen, die das durchgemacht hatte, was Sie durchgemacht haben, und die trotzdem unserem Land vergeben konnte. Vor vier Jahren hörte ich Sie im Olympiastadion sprechen und ich wusste, mein Gebet würde erhört werden, auch nach all dieser Zeit.« Mit diesen Worten zog sie ein Stück Papier hervor, auf das sie ihre Bitte geschrieben hatte, einen Überlebenden zu treffen. Ich musste wieder weinen, als ich den Zettel ansah und mich gleichzeitig daran erinnerte, dass ich beinahe nicht nach Berlin gekommen wäre.

Als es an der Zeit war, Kanaan zu verlassen, war ich innerlich wie zerrissen. Wenn Charlie bei mir gewesen wäre, wäre ich viel länger geblieben, um die Ruhe und Liebe zu genießen, die diesen Ort erfüllte. Die Schwestern, die damals für mich beteten, tun das immer noch. Ich danke Gott für ihre Liebe und habe sie in der Zwischenzeit immer wieder besucht.

Im folgenden Jahr war ich im Rahmen meines Dienstes viel unterwegs. Im Mai 1986 kehrte ich nach Maryland zurück, um dort bei einigen Veranstaltungen dabei zu sein, zu denen ich mich verpflichtet hatte. Charlie ging es nicht besonders gut und obwohl ich ohne ihn nicht gehen wollte, überredete er mich letzten Endes, doch zu gehen.

Sein Zustand wurde immer schlimmer. Sein Körper war von Arthritis zerfressen. Zusätzlich hatte er noch den grünen Star bekommen und war inzwischen fast vollständig blind. Das war für ihn besonders schrecklich, da er für sein Leben gern las. Er verschlang alles an Zeitungen, Zeitschriften und Büchern. Er las sogar die Stellen- und Todesanzeigen. Bei uns hatte sich eine Redensart eingebürgert, die von viel schwarzem Humor zeugte: Solange er seinen Namen nicht in den Todesanzeigen fand, wusste er, dass er noch am Leben war.

Ich blieb fast einen Monat lang in Maryland und hatte eine wunderbare Zeit mit meinen Kindern und Freunden. Man bat

mich, eine Audiokassette von einer meiner Ansprachen auf-
zunehmen. Alles lief reibungslos. Meine Freundin Terry holte
mich mit dem Auto ab und wir fuhren zu ihr nach Hause, wo
ich zu der Zeit wohnte.

Als wir ins Haus traten, wartete dort bereits meine Freundin
Barbara auf mich. Das Telefon klingelte und sie bat mich ran-
zugehen. Es war Harvey, mein Gemeindeleiter. Seine schlich-
ten Worte stellten meine Welt auf den Kopf. »Rose, Charlie ist
gestorben.«

»Nein, das ist nicht wahr!«, stieß ich hervor. Ich schmet-
terte den Telefonhörer so heftig auf die Gabel, dass mir die
Hand weh tat. Meine Kinder und Freunde waren um mich
herum, um mich zu trösten. Nach und nach wurde ich ruhiger. Ich rief meinen Sohn Norman an und bat ihn, alles Nötige für das Begräbnis in die Wege zu leiten. Jemand buchte
mir einen Flug nach Hause. Den gesamten Rückflug über
saß ich wie betäubt da. Ich konnte es noch nicht fassen, dass
Charlie nicht da sein würde, wenn ich nach Hause kam. Einmal sah ich an mir hinunter und entdeckte, dass meine Bluse
durchnässt war. Ich hatte geweint und es noch nicht einmal
gemerkt.

Bei meiner Ankunft in Florida holte Norman mich ab.

»Sag nichts«, bat ich. »Es ist nicht wahr. Papa kommt wieder nach Hause. Du wirst schon sehen, bis wir zu Hause sind,
wartet er dort auf uns.« Vor meinem inneren Auge war ich
plötzlich in die Zeit zurückversetzt, als ich vor der Tür darauf
wartete, dass Papa nach Hause kam. Es war die gleiche Art
von Verzweiflung, die mich jetzt erfüllte. Ich strengte mich verzweifelt an, meine eigenen Worte zu glauben.

Norman hielt mich fest im Arm. »Ja, Mama. Wie du
meinst.« Wir kamen gegen zwei Uhr morgens zu Hause an,
aber alle waren noch da und erwarteten uns. Miriam hatte alle
unsere Freunde benachrichtigt. Ich ging an ihnen allen vor-

bei ins Schlafzimmer. Ich zog mich um und ging dann in die Küche, um etwas für Charlie zu kochen. Ich wusste, er würde hungrig sein, wenn er nach Hause kam. Warum war er überhaupt so spät noch weg?

»Euer Vater erlaubt sich einen Spaß mit uns«, bemerkte ich. »Er hat mir versprochen, mich nie zu verlassen.« Ich sagte mir immer wieder vor, dass er immer bei mir sein würde.

Bisweilen ist Verdrängung genauso stark wie Trauer. Am Tag der Beerdigung weigerte ich mich schlicht und einfach, mich anzuziehen. Wenn ich mich nicht anzog, würde es keine Beerdigung geben und Charlie konnte nicht tot sein. Meine Kinder kamen in mein Zimmer und zwangen mich, mich anzuziehen.

Unser Sohn Norman zusammen mit Charlie und mir

Als die große Limousine an unserem Haus vorfuhr, musste man mich zum Einsteigen zwingen. Ich vergrub mich in einer Ecke auf der Rückbank. Das war das letzte Mal, dass ich jemals in einer Limousine gefahren bin. Ich werde nie wieder eine besteigen. Beim Gedenkgottesdienst machte Harvey zwar den Anfang, aber er verlor die Fassung, deshalb musste Chuck weitermachen. Auch er brach in Tränen aus und schließlich beendete Jack Zemstein den Gottesdienst.

Als wir von der Beerdigung nach Hause kamen, waren meine Freunde da, um die traditionell vorgeschrieben Trauertage (*Schiwa*) einzuhalten. Während dieser Trauertage empfängt die engste Familie Besuch von Freunden und Verwandten. Traditionell hält eine Familie in orthodoxen Kreisen bis zu sieben Tage lang *Schiwa* ein.

Es war schwierig, Charlie endgültig loszulassen, und das ist noch untertrieben. Ich weiß, dass er während seiner letzten Jahre schreckliche Qualen durchlitt, aber trotzdem wusste ich nicht, was ohne ihn aus mir werden würde. Charlie war derjenige, der mich wieder zu einem Menschen gemacht hatte. Als ich ihn traf, konnte ich weder lachen noch weinen; ich wusste noch nicht einmal wirklich, was es bedeutete, eine Frau zu sein. Ich hatte vollständig vergessen, wie man liebt oder geliebt wird. Es war Charlie gewesen, der all das ertragen hatte, was ich durchmachte. Er hielt mich fest, wenn die Albträume kamen, bei allem Schreien, Weinen und Anklagen. Mehr als jeder andere hatte er mich Vertrauen gelehrt.

Kurz nachdem wir unsere *Schiwa* beendet hatten, kam Miriam zu mir in mein Zimmer. »Alles in Ordnung, Mama?«

Ich ging hinüber zum Schrank und öffnete die Tür. Dort hing ein hellblaues Kleid. »Erinnerst du dich noch, wann ich das getragen habe?«, fragte ich Miriam. »Ja, an eurem Hochzeitstag.«

Da Charlie und ich ja durchgebrannt waren, hatten wir nie zusammen unter der Chuppa gestanden, dem traditionellen jüdischen Hochzeitsbaldachin. Charlie hatte auch kein Glas zertreten. An unserem 25. Hochzeitstag hatten wir unser Eheversprechen bei einer feierlichen Zeremonie erneuert. Für diese Gelegenheit hatte ich mir mein eigenes Kleid geschneidert. Eine Woche vor unserem »Hochzeitstag« war ich damit fertig. Jedes Mal, wenn Charlie es an der Tür hängen sah, bemerkte er: »Nur du konntest so ein schönes Kleid machen, nur du.«

»Er war immer so stolz auf dich, Mama.«

»Ich weiß«, sagte ich mit einem Blick auf das Kleid. »Er stellte mich immer als seine ›Sprüche 31‹ vor. Manchmal fragten ihn die Leute sogar: ›Hat sie auch einen Namen?‹« Miriam lachte.

Ich schloss einen Moment lang die Augen und erinnerte mich daran, wie wir nach der Feier als »Hochzeitsreise« nach Disney World gefahren waren. Wir waren wie zwei kleine Kinder. Wir fuhren mit jeder Achterbahn. Ich erinnere mich noch, wie ich auf »Space Mountain« kreischte und mir schwor, nie wieder damit zu fahren. Wir verbrachten vier herrliche Tage dort und kamen danach Jahr für Jahr wieder. Das war der Charlie, den ich in Erinnerung behalten wollte, der Mann, der immer lachte und der gar nicht anders konnte, als ständig Witze zu erzählen. Das war auch der Mann, der den Mut hatte, mich rückhaltlos zu lieben, einfach so, wie ich war. Ich würde ihn sofort wieder heiraten und ich tröste mich mit dem Gedanken, dass er mich eines Tages nach einer langen Reise bei einer anderen Art der Heimkehr begrüßen wird.

Eine ungeplante Reise

Die Tage der Trauer um Charlie gingen vorbei, aber ich muss zugeben, dass ich ihn bisweilen immer noch vermisse. Mein Zeitplan wurde immer voller und ich sprach vor immer mehr Gruppen über Vergebung und Versöhnung. Ich wusste, dass Charlie gewollt hätte, dass ich mit diesem Dienst weitermache.

Im Jahr 1993 nahm ich an einer privaten Gebetsfreizeit in der Schweiz teil. Während wir dort waren, traf ich mich mit dem Komitee, das eine Veranstaltungsreihe in Hannover in Deutschland plante. Mir kam ein Gedanke, den ich nicht mehr abschütteln konnte. »Ist Hannover weit weg von Bergen-Belsen?«, wollte ich wissen. Meine Freunde sahen mich neugierig an, doch zunächst sagte niemand etwas.

»Wie weit ist es?«, fragte ich erneut.

»Etwa zwei Stunden mit dem Auto, mehr oder weniger«, erhielt ich dann zur Antwort.

Mein Kopf dröhnte und tief in meinen *Kischkes* donnerte eine Stimme: »Ich muss dorthin!«

Meine Gastgeberin sah mir in die Augen und sagte: »Ich begleite dich.« Ihr Mann wollte ebenfalls mitkommen. Er hatte ein Auto und würde uns fahren. Zwei weitere wollten ebenfalls mitkommen. Da wir eigentlich noch Verpflichtungen auf der Gebetsfreizeit in der Schweiz hatten, bot einer der jungen Männer an, uns zu fahren, sodass unser Gastgeber bleiben und unseren Teil übernehmen konnte.

Am folgenden Morgen trafen wir uns nach dem Frühstück schweigend an einem der Tore, wo das Auto des jungen Mannes bereits geparkt war. Obwohl wir eigentlich vorgehabt hatten, uns unbemerkt davonzuschleichen, waren unsere Pläne bekannt geworden, und eine weitere Frau bestand darauf mitzukommen. Und so kam es, dass wir zu unserem Besuch in Bergen-Belsen aufbrachen, als wollten wir einen Picknickausflug machen. Der einzige Unterschied war, dass für geraume Zeit niemand auch nur ein Wort sprach. Schließlich brach ich das Schweigen.

»Wenn wir dort sind«, bat ich, »lasst mich bitte einfach in Ruhe. Wenn ich weine, lasst mich bitte weinen. Wenn ich schreie, lasst mich schreien. Wenn ich einfach nur laufen muss, lasst mich laufen.« Ich hatte keine Ahnung, wie ich reagieren würde. Während unserer Fahrt auf der Autobahn saß mir ein dicker Kloß im Hals. Ich konnte nicht mehr atmen und weinte tonlos. Dann sahen wir das kleine Straßenschild »Bergen-Belsen«. Es war ein ganz gewöhnliches Schild, wie jedes andere Straßenschild, ohne den kleinsten Hinweis darauf, dass dieses Wort für so viele den Tod bedeutet hatte.

Als wir auf dem Parkplatz anhielten, der genau so aussah wie jeder andere öffentliche Parkplatz, hatte ich mich etwas erholt. Ich hatte aufgehört zu weinen und konnte wieder besser atmen. Die Frau, die sich uns im letzten Moment angeschlossen hatte, war von ihren Gefühlen vollkommen überwältigt, sodass wir sie in der Eingangshalle am Empfang zurückließen. Ich fragte an der Rezeption, ob wir eine Privatführung haben könnten.

Die Frau hinter dem Tresen beäugte mich scharf. »Bitte«, sagte ich. Da senkte sie die Stimme und flüsterte: »Sie waren hier, richtig?«

Etwas in mir wollte ihre Frage nicht beantworten. Deshalb wiederholte ich nur: »Bekomme ich meine Privatführung oder nicht?«, in forderndem Ton mit deutschem Klang. Im Augenblick war es unmöglich, erklärte sie, weil die Führungen Monate im Voraus geplant wurden. »Wenn ich vor Monaten vorgehabt hätte zu kommen, hätte ich Ihnen geschrieben«, entgegnete ich. »Aber ich habe mich erst heute Morgen entschieden zu kommen. Und jetzt bin ich hier.«

Sie wiederholte: »Sie waren hier, stimmt das?« Ihre Stimme war sanft und freundlich. Endlich ließ ich meine harte Maske fallen. Ich nickte zustimmend. Sie bat mich in ihr Büro. Ich erklärte, dass ich nicht allein gekommen war. Sie rief die anderen, die uns umringten.

»Bitte«, sagte ich, »zeigen Sie mir einfach nur, wo das Haupttor war. Ich werde meine Baracke dann schon selbst finden.«

Sie begleitete uns zum Haupttor. Ich sah zunächst nach rechts, dann nach links. Vor mir lag ein Streifen nackter Boden von etwa 50 Zentimeter Breite. Sie fragte: »Wissen Sie, was das ist?«

»Nein, irgendetwas scheint da zu fehlen.« Sie erklärte, dass der Boden an dieser Stelle kahl war, weil der Zaun unter Strom gestanden hatte. Der Boden war so schlimm verbrannt, dass außer Disteln und Dornen nichts mehr dort wuchs. Ich konnte sie unter meinen Füßen spüren.

Ein großer Pfosten markierte den Lagereingang. Ich zögerte, aber ging dann daran vorbei. In dem Augenblick, als meine Füße den Boden hinter dem Schild betraten, tauchte ich plötzlich in die Vergangenheit ein. Ich lief zu einem kleinen Baum, der in der Nähe des Weges gepflanzt worden war, in der Hoffnung, mich dahinter verstecken zu können, und brach in Tränen aus.

Meine Freunde umringten mich und weinten ebenfalls. Ich muss bestimmt fünfzehn Minuten dort gestanden haben. Aber schließlich trat ich hinter dem Baum hervor und ging auf die Gedenksteine zu, wo früher die Baracken gestanden hatten. Ich sammelte Steine auf, da ich das Gefühl hatte, Bergen-Belsen war wie ein einziger, riesiger Friedhof. In der jüdischen Tradition ist es üblich, einen Stein auf jedes Grab zu legen, das man besucht hat, als Zeichen, dass man dort gewesen ist. Tausende waren in Bergen-Belsen umgekommen, als ich dort war. Es würde niemals genug Steine geben, dachte ich noch.

Ich ging zu dem Gedenkstein, an dem ich meine ehemalige Baracke vermutete. Ich erinnerte mich noch, dass die Baracke von Bäumen umgeben gewesen war, und als ich die Inschrift las, weinte ich laut. Es war, als hätte jemand direkt vor mir eine Mauer aufgestellt; ich konnte keinen Schritt weitergehen. Plötzlich brach es aus mir hervor: »Bergen-Belsen! Du bist gestorben, aber ich lebe noch! Sieh mich an! Ich bin hier!«

Aber mein Triumphgefühl ließ nach, als ich an all diejenigen dachte, die gestorben waren. Ich erinnerte mich an die Gesichter all derer, die beim morgendlichen Appell ausgewählt wurden, um an diesem Tag ermordet zu werden. Ich hatte ihren Gesichtsausdruck vor Augen, als sie abgeführt wurden und genau wussten, was ihnen bevorstand. »Warum konnten sie nicht zusammen mit mir überleben? Warum?« Die Worte sprudelten unkontrolliert aus meinem Mund. Andere Besucher des Lagers starrten mich entgeistert an.

Aber während ich noch schrie, fing ich an zu beten. Ich konnte es selbst kaum fassen – ich betete für die Errettung Deutschlands. Ich unterbrach mich. »Herr, nicht hier, nicht auf diesem Friedhof. Ich kann nicht. Da verlangst du zu viel von mir. Hier kann ich nicht für sie beten!«

Seit 1982 hatte ich öffentlich über Vergebung gesprochen, aber ich musste zu diesem Zeitpunkt an diesen Ort kommen, um wahre Vergebung zu lernen. Ich hörte etwas, das ich mir nur als die Stimme Gottes erklären kann, die zu mir sagte: »Hier wirst du lernen, was es wirklich heißt zu vergeben.«

Meine Schreie verstummten und ich hörte auf zu beten. Der Albtraum endete und ich wurde mir langsam meiner Umgebung wieder bewusst. Ein junger Mann lag in meiner Nähe auf dem Boden und weinte bitterlich. Er hatte mich beten hören. »Wie können Sie uns vergeben? Wie können Sie überhaupt das Wort Vergebung in den Mund nehmen, nach allem, was wir Ihnen angetan haben?« Ich ging zu ihm hinüber, zog ihn vom Boden hoch und nahm ihn in die Arme. »Ich kann das tun, weil Gott uns allen vergibt, ganz egal, was gewesen ist, wenn wir ihm nur vertrauen. Er hat für uns solches Leiden auf sich genommen, deswegen versteht er unseren Schmerz. Weil er das für mich getan hat, kann ich vergeben.«

Es wurde langsam spät und ich wollte noch an den Gräbern stehen bleiben, um dort das Kaddisch zu beten, das Gebet der Trauernden. Meine beiden Gastgeber sprachen fließend Hebräisch. Sie zogen ihre Gebetsbücher hervor und baten, gemeinsam mit mir beten zu dürfen. »Selbstverständlich«, entgegnete ich. Wir gingen von einem Grabstein zum anderen und legten auf jede Gedenktafel einen Stein und beteten das Kaddisch, während wir umhergingen.

Ich hatte der Dame im Verwaltungsbüro versprochen, noch einmal vorbeizuschauen, ehe wir wieder abfuhren, um ihr eine meiner Kassetten über Vergebung zu bringen. Als wir das Büro betraten, starrten uns die Mitarbeiter an.

Wir setzten uns an einen Tisch und die Frau, die uns herumgeführt hatte, bat mich, meinen Namen aufzuschreiben. Sie schob den Zettel einem Mann zu, der ebenfalls am Tisch saß, der daraufhin eine der seltsamen Karteien durchblätterte, die die Deutschen so akribisch führen. Nach einigen Augenblicken sah er auf und meinte: »Sie ist nicht auf der Liste. Sie ist eine von *denen*.« Ich ging davon aus, dass er meinte, dass ich eine von den vielen war, die tiefes Mitgefühl mit dem jüdischen Leiden hatte, die aber selbst nie in einem Lager gewesen war.

»Wie war Ihr Name, als Sie hier waren?«, fragte die Frau. Sie schrieb meinen Mädchennamen auf und gab ihn wiederum an den Mann weiter.

»Da ist sie!«, rief er. »Schauen Sie, hier ist Ihre Schwester, und all die anderen aus ihrer Stadt.« Ich bat darum, die Liste sehen zu dürfen. Und wirklich, da war mein Name, der Name meiner Schwester, der Name meiner Tante und der Tag, an dem wir in den Zug nach Dachau verladen wurden. »Was bedeuten diese Buchstaben vor meinem Namen?«

»Sie bedeuten, dass Sie eingesperrt wurden, weil Sie ein politischer Gegner der Regierung waren.«

»Würden Sie das bitte wiederholen?«, sagte ich. Er tat es. Ich dachte nur an das elfjährige Mädchen, das seiner Familie entrissen worden war. »Ich glaube, es ist an der Zeit zu gehen«, bemerkte ich zu meinen Begleitern.

Als wir draußen standen, kamen gerade drei Busse voll mit jungen Leuten an, die eine Führung durch das Lager mitmachen sollten. Die ältere Frau, die die Gruppe leitete, erklärte: »Also glaubt nicht alles, was sie euch hier erzählen.«

Ich ging zu ihr hinüber und packte sie an den Schultern. Am liebsten hätte ich sie buchstäblich durchgeschüttelt. Ihre Ignoranz brachte mein Blut zum Kochen. Ich hielt sie an den Schultern gepackt fest.

Dann spürte ich eine ungeheure Kraft in mir, eine Kraft, die nur vom Herrn kommen konnte. Ich ließ die Frau los und wandte mich an die jungen Leute. »Was diese Frau euch gerade gesagt hat, ist eine Lüge. Ich war in diesem Lager und ich könnte euch von der Hölle erzählen, die ich hier durchgemacht habe. Aber wisst ihr«, fuhr ich fort, »das ist noch nicht das Ende der Geschichte...« Die Frau riss sich von mir los und verschwand. Die jungen Menschen drängten sich um mich und fingen an, lauter Fragen zu stellen.

Ich wusste, dass wir zu der Konferenz zurückmussten und so sagte ich: »Wenn ihr Antworten auf eure Fragen haben wollt, kommt zu der Konferenz. Dort werde ich sprechen und sie gerne alle beantworten.«

Als wir endlich wieder im Auto saßen, stimmte jemand ein Gebetslied an und wir fielen alle ein. Danach fragte mich eine der Frauen, warum ich unbedingt nach Bergen-Belsen hatte zurückkehren wollen. Vorher war es mir selbst nicht so klar gewesen, war meine Antwort, aber als ich dort war, hatte ich die Gründe entdeckt.

»Wisst ihr«, erklärte ich, »ich dachte immer, ich hätte schon alles losgelassen, den ganzen Hass, die Bitterkeit und den Schmerz. Aber das war gar nicht wahr. Tief in mir steckte immer noch ein Kern von Unversöhnlichkeit, der herausgezogen werden musste. Ich glaube, dass ich an diesen Ort zurückkehren und den Erinnerungen ins Auge schauen musste, um diesen Kern zu finden und zu beseitigen.«

»Und wie fühlst du dich jetzt?«, fragte sie.

Ich sah aus dem Fenster und beobachtete die Landschaft, die in der zunehmenden Dämmerung an uns vorüberzog. Ich dachte an meine Familie und Freunde, an meinen Mann und an das Leben, das wir geteilt hatten. Ich dachte an Josef in der Bibel, der seinen Brüdern vergab, nachdem sie ihn in die Sklaverei verkauft hatten. Ich dachte an Jesus, der sagte, als die Menschen ihn töteten: »Vergib ihnen, denn sie wissen nicht, was sie tun.« Ich dachte daran, wie ich mit ihm gerungen und wie er mich trotz allem bis hierher gebracht hatte. Selbst als ich ihn verlassen und verleugnet hatte, hatte er mich doch niemals verlassen.

Ich dachte noch einen Augenblick nach und wandte mich dann wieder der Frau zu. »Lebendig, ich fühle mich so richtig lebendig.«

Wir fuhren schweigend weiter. Die Straße erstreckte sich vor uns. Je dunkler es draußen wurde, desto heller strahlten die Scheinwerfer, die unseren Weg erleuchteten und die Nacht durchdrangen.

Ein kurvenreicher Weg

Es gibt Momente, wenn ich vor meinem Haus in Florida sitze und die Wolken beobachte, da sehe ich plötzlich das verzerrte Gesicht eines Menschen in den Wolken, der vor Angst aufschreit, oder vielleicht das bedrohliche Gesicht eines Wachpostens. Sie halten sich immer nur einen Augenblick lang und sind dann verschwunden. In diesen Momenten frage ich mich, ob es da noch mehr gibt und sich mein Verstand nur weigert, die Erinnerungen zuzulassen. Ich weiß, dass ich, solange ich lebe, nie ganz frei sein werde von den Schmerzen, die ich durchgemacht habe. Aber die Liebe Gottes wird manchmal im Schmerz sogar noch stärker sichtbar. Das war eine äußerst schwierige Lektion, die ich lernen musste, aber ich bin dankbar, sie gelernt zu haben und sie jetzt an andere weitergeben zu können.

Im Jahr 1999 kehrte ich zusammen mit meiner wunderbaren Enkelin nach Polen zurück. Das war eine weitere Zeit der Prüfung, die unendliche Verge-bung neu zu entdecken, die Gott uns immer wieder gibt und die wir auch anderen in seinem Namen, in seiner Kraft gewähren können.

Ich möchte diesen Bericht mit noch einer weiteren unerwarteten Wendung in meinem Leben beenden. Nach Charlies Tod hatte ich schließlich gelernt, als Alleinstehende zufrieden zu sein. Meine Reisen und die vielen Dienste nahmen ohnehin so viel von meiner Zeit in Anspruch, dass ich gar keine Zeit dazu hatte, mich allzu einsam zu fühlen.

Eines Tages, etwa 19 Jahre nach Charlies Tod, war ich auf einer messianischen Konferenz in Florida. Während der Zeit dort bestanden zwei meiner Freunde darauf, dass ich unbedingt einen Mann namens Jonathan kennenlernen musste. Ich widerstand mit aller Kraft dem Gedanken, jemals wieder zu heiraten, aber irgendwann konnte ich doch nicht anders. Wir sind inzwischen seit fünf Jahren verheiratet. Gott hat mich wirklich sehr gesegnet. Er hat mir den besten Ehemann über den Weg geschickt, den er finden konnte. Danke, Herr, dass Du Dich auch um Bedürfnisse kümmerst, von denen ich noch nicht einmal wusste, dass ich sie habe. Jonathan starb im Februar 2009. Ihm gilt mein Dank: Nicht nur für die Zeit, die wir zusammen hatten; sondern auch für all seine Hilfe, mit der er dazu beigetragen hat, dass meine Geschichte erzählt wird

Mein Ehemann Jonathan und ich

Nachwort
Meine Begegnung mit Rose Price

Ich begegnete Rose Price das erste Mal im Sommer des Jahres 1981. Ich war ein eifriger, junger Jude, der ganz frisch zum Glauben an Jesus gefunden hatte, und besuchte damals die Wirtschaftsuniversität in Buffalo. Rose war für das kommende Wochenende als Gastrednerin in der messianischen Gemeinde B'rith HaDoshah angekündigt. Ich hatte mich freiwillig gemeldet, nach Toronto zu fahren, um sie abzuholen. Von dem Augenblick an, als ich ihr begegnete, liebte ich sie heiß und innig.

Die Rückfahrt nach Buffalo dauerte 90 Minuten, in denen sie mir ihre dramatische Lebensgeschichte erzählte. Ich war völlig gefesselt, als sie von ihrer Kindheit in Polen erzählte und von dem Tag im Jahr 1939, der ihr Leben für immer verändern sollte, als die Deutschen in ihr Dorf einfielen. Sie sprach über den Schrecken der Arbeitslager und die Vernichtung ihrer gesamten Familie mit Ausnahme einer Schwester.

Es ist nachzuvollziehen, dass Rose ihren Glauben an Gott verlor. Wie konnte auch ein Gott der Liebe solches Leid und solche Not zulassen? Wie konnte der Gott Israels es zulassen, dass sechs Millionen seines eigenen Volkes, der Kinder Israels, auf brutale Weise ausgelöscht wurden? Aber dennoch blieb ihre jüdische Identität aus irgendeinem Grund wichtig für sie. Sie begann, ihr Leben von Neuem aufzubauen, wanderte in die Vereinigten Staaten aus, heiratete und gründete eine Familie. Dabei blieb sie aktiv am Leben der jüdischen Gemeinde und der Synagoge beteiligt. Sie brachte es sogar bis zur Präsidentin ihrer Synagoge. Sie führte einen jüdischen Haushalt und erzog auch ihre drei Kinder als Juden.

Scheinbar war alles in Ordnung…, bis ihre älteste Tochter eines Tages nach Hause kam und plötzlich erklärte: »Mama,

ich glaube an Jesus Christus! Er ist der jüdische Messias!«
Rose selbst sagt über diesen Augenblick: »Wenn sie ihre Jacke
zurückgeschlagen, eine Pistole gezogen und mich erschossen
hätte, wäre das immer noch besser gewesen, als so etwas zu
hören!«

Für Rose stand Jesus überhaupt nicht zur Debatte. Schließlich waren Jesus und seine Gefolgschaft schuld an der systema-
tischen Ermordung von sechs Millionen Juden, darunter fast
ihre gesamte Familie. Über dem Lagereingang des Außenlagers
von Dachau, dem KZ Türkheim, in das Rose und ihre Schwester deportiert wurden, war ein großes Plakat angebracht mit
der Aufschrift: »Ihr habt unseren Gott Jesus Christus getötet,
jetzt töten wir euch!«

Diese Worte hatten unauslöschlich die Überzeugung in ihr
Herz eingebrannt, Nazis und Christen seien absolut gleichzu-
setzen. Für sie *waren* die Nazis Christen, die taten, was Jesus
ihnen befohlen hatte: wie Juden zu hassen.

Diese Überzeugung wird heute noch von vielen traditionellen Juden geteilt. In den Augen der Juden tragen die Christen
die Schuld für das Erbe von 2 000 Jahren Hass und Antisemitismus: die Kreuzfahrer, die auf ihrem Vormarsch durch
Europa ganze jüdische Gemeinschaften abschlachteten; die
Spanische Inquisition, die unzählige Juden mit dem Schwert
dazu zwang, sich zum Christentum zu bekehren und viele
andere auf dem Scheiterhaufen verbrannte; die Pogrome in
Osteuropa und schließlich der Holocaust wurden manchmal
im Namen des Christentums durchgeführt. Kein Wunder also,
dass bereits der Name Jesu auf die meisten Juden wie ein rotes
Tuch wirkt, und genau das Gleiche galt auch für Rose.

Sie war zornig und verwirrt. Was sollte sie tun? Sie liebte
ihre Tochter, aber gleichzeitig konnte sie nicht zulassen, dass
diese Tochter eben dem Bösen verfiel, das ihre Familie zerstört
und sie in solch abgrundtiefes Leid gestoßen hatte. Und so

suchte sie nach Hilfe. Sie wandte sich an ihren Rabbi, sie traf sich mit einem Professor an einem katholischen Seminar und begann letzten Endes sogar damit, selbst die Bibel zu studieren (einschließlich des Neuen Testaments), um ihrer Tochter zu beweisen, dass sie sich in Bezug auf Jesus geirrt hatte. Ich will nicht näher auf die unglaubliche geistliche Reise eingehen, auf die sie sich begab, da sie in diesem Buch wunderbar erzählt wird. Ich möchte nur so viel sagen, dass sie eine gewaltige Entdeckung machte, die ihr Leben für immer veränderte.

Ein letzter Gedanke: All diejenigen unter Ihnen, die wie ich in einem jüdischen Zuhause aufgewachsen sind und die gelehrt wurden, dass der Glaube an Jesus (der, wie ich dachte, der Sohn von Herr und Frau Christus, dem Gott der Heiden, war) nicht jüdisch ist, und dass es unmöglich ist, Jude zu sein und gleichzeitig an Jesus zu glauben, möchte ich bitten, das vorliegende Buch mit offenem Herz und Sinn zu lesen. Es besteht immerhin die Möglichkeit, dass unsere Rabbis damals sich irrten, als sie ihn als Messias ablehnten, und dass sie sich auch heute noch irren. Bitten Sie Gott, Ihnen die Wahrheit zu zeigen, und er wird es tun. Er veränderte mein Leben vor 26 Jahren, als ich ihn bat, mir die Wahrheit zu zeigen, und er veränderte das Leben von Rose vor 35 Jahren. Er kann auch Ihr Leben verändern!

Die Geschichte von Rose ist ein Zeugnis von unvorstellbarem Leid, von einer Suche aus tiefstem Herzen und schließlich von wiederhergestelltem Glauben und göttlicher Vergebung. Ihre Geschichte führt von der Tragödie zum Triumph.

Die Begegnung mit Rose vor mehr als einem Vierteljahrhundert veränderte mein Leben, und ich glaube, wenn Sie ihre Geschichte lesen, wird das auch Ihr Leben verändern.

Jonathan Bernis, Präsident von Jewish Voice
Phoenix, Arizona
26. März 2006

JUDEN F✡R JESUS.

Weitere Informationen zum messianischen Judentum erhalten
Sie bei *Juden für Jesus*:

Juden für Jesus e.V.
Postfach 10 18 22
45018 Essen
Tel.: 02 01/ 4 37 39 58
www.judenfuerjesus.de;
E-Mail: judenfuerjesus@jewsforjesus.org

Corrie ten Boom

Die Zuflucht

Taschenbuch, 12 x 19 cm, 240 S.
Nr. 395.284,
ISBN 978-3-7751-5284-6

Weil ihre Familie Juden versteckte, wird Corrie ten Boom 1944 verhaftet und ins KZ Ravensbrück deportiert. Anders als ihre Schwester überlebt sie die Qualen. Trotz alldem wird sie eine Botschafterin des Themas »Vergebung« und predigt nach dem Krieg in über 60 Ländern.

Margarete Schneider

Paul Schneider – Der Prediger von Buchenwald
Neu herausgegeben von
Elsa-Ulrike Ross und Paul Dieterich

Paperback, 13,5 x 20,5 cm, 544 S.
Nr. 394.996,
ISBN 978-3-7751-4996-9

Paul Schneider wurde im KZ Buchenwald im Juli 1939 ermordet. Was Margarete Schneider nach dem grausamen Tod ihres Mannes schildert, basiert auf der eigenen Erinnerung, verbunden mit Tagebuchnotizen, Briefen und Predigten. Eine erweiterte Neuausgabe.

Bitte fragen Sie in Ihrer Buchhandlung nach diesen Büchern!
Oder schreiben Sie an: SCM Hänssler, D-71087 Holzgerlingen;
E-Mail: info@scm-haenssler.de; Internet: www.scm-haenssler.de